CARTAS DE UN ESTOICO

Séneca

Cartas de un estoico

Todos los derechos reservados, incluido el derecho de reproducción total o parcial en cualquier forma.

© Editorial Reverté, S. A., 2026
Loreto 13-15, Local B. 08029 Barcelona – España
revertemanagement.com

Fecha de publicación: marzo 2026

Edición en papel
ISBN: 978-84-10121-47-8

Edición en ebook
ISBN: 978-84-291-0024-2 (ePub)
ISBN: 978-84-291-0025-9 (PDF)

Editores: Ariela Rodríguez / Ramón Reverté
Coordinación editorial y maquetación: Patricia Reverté
Revisión de textos: Mariló Caballer Gil
Diseño cubierta: Feriche Black

Impreso en España – *Printed in Spain*
Depósito legal: B 2830-2026
Impresión y encuadernación: Liberdúplex
Barcelona – España

MIXTO
Papel | Apoyando la
silvicultura responsable
FSC® C109440

CONTENIDOS

COLECCIÓN
REM CLASSICS

SABIDURÍA ANTIGUA PARA
ILUMINAR EL PRESENTE

La colección **REM Classics** recupera las grandes obras del pensamiento humanista universal en versiones fieles a su espíritu original, pero adaptadas al lector contemporáneo. Cada título ofrece una lectura clara, fluida y reflexiva, donde la belleza del lenguaje se une a la profundidad de las ideas. Es una invitación a redescubrir aquellas verdades que siguen iluminando el alma humana.

Esta colección reúne algunos de los pilares del pensamiento estoico: las *Meditaciones* de **Marco Aurelio**, las enseñanzas de **Epicteto** reunidas en *El camino estoico*, y esta versión de las *Cartas a Lucilio*, de **Séneca**, en *Cartas de un estoico*.

Los títulos de **REM Classics** proponen un viaje hacia lo esencial: un regreso a las fuentes del pensamiento para hallar la quietud en medio del mundanal ruido actual. Cada título es una invitación a leer con calma y profundidad, y a conectar la sabiduría antigua con la sensibilidad presente.

LUCIO ANNEO SÉNECA

Lucio Anneo Séneca (4 a. C.-65 d. C.) fue un filósofo, dramaturgo y estadista romano, una de las figuras más influyentes del estoicismo. Nació en Córdoba y se educó en Roma, donde alcanzó gran prestigio como orador y consejero político.

Tras un periodo de exilio, fue tutor y ministro del emperador Nerón, cargo que lo situó en el centro del poder y de la contradicción moral que marcaría su vida. Acusado de conspirar contra el emperador, fue obligado a suicidarse, afrontando la muerte con serenidad y convirtiendo tal final en su última lección de filosofía.

Su obra —que incluye tratados morales, tragedias y las célebres *Cartas a Lucilio*— sigue siendo una de las expresiones más lúcidas del pensamiento estoico; una invitación a la virtud, la templanza y la libertad interior.

PRÓLOGO

UNA SELECCIÓN CONTEMPORÁNEA DE LAS *CARTAS A LUCILIO*

Hay libros que no envejecen porque hablan de lo que nunca cambia. Las *Cartas a Lucilio* de Séneca pertenecen a esa rara estirpe. Escritas hace casi dos mil años, siguen dirigiéndose al mismo interlocutor: al ser humano que, en cualquier época, intenta vivir con serenidad en medio del caos.

Cartas de un estoico reúne una selección esencial de esas cartas. No pretende ofrecer una traducción literal, sino una versión contemporánea, fiel al espíritu original. Nuestro propósito ha sido que la voz de Séneca llegue al lector de hoy con la claridad, la fluidez y la cercanía de una conversación. No se trata de traer la filosofía antigua al presente, sino de recordar que muchas de nuestras preguntas ya estaban formuladas, esperando una respuesta.

Lucio Anneo Séneca (4 a. C.-65 d. C.), filósofo, dramaturgo y consejero del emperador Nerón, escribió sus cartas a Lucilio Junio, gobernador de Sicilia, en los últimos años de su vida. En ellas reflexiona sobre el tiempo, la muerte, la amistad, el miedo, el deseo o la virtud. No son tratados teóricos, sino meditaciones escritas en voz baja, nacidas del ejercicio cotidiano de pensar y vivir con los ojos abiertos. Lucilio, su destinatario, es también cada lector que se detiene a escuchar y se reconoce en esas mismas preguntas.

Acercarse a Séneca es, además, asomarse a sus contradicciones. Su vida fue una constante tensión entre la riqueza y la renuncia, entre el poder y la virtud, entre la filosofía y la política. Fue un hombre de Estado y un maestro de la templanza; un consejero imperial y, al mismo tiempo, un defensor de la libertad interior. Esa dualidad no lo debilita: lo humaniza. Su grandeza no reside en haber alcanzado la perfección, reside en haber perseverado en la búsqueda del bien desde sus propias sombras.

Esa búsqueda lo mantiene vigente. En una época como la nuestra, que ha relegado el valor de las humanidades y mide el conocimiento por su rentabilidad inmediata, la filosofía de Séneca resuena como una necesidad urgente. Frente al ruido, nos ofrece silencio; frente a la velocidad, pausa; frente a la dispersión, claridad. Sus cartas nos recuerdan que no hay tarea más práctica que aprender a vivir, ni ciencia más exacta que la que ordena el alma.

Por eso, este libro no se dirige a los sabios, sino a quienes buscan serenidad en medio de la confusión. Su tono no es solemne ni doctrinario, es el de una voz amiga que aconseja sin imponer, que acompaña sin juzgar. Hemos procurado mantener esa proximidad en cada frase: una escritura sobria, limpia de artificio, que conserve la firmeza del pensamiento y la calidez de la palabra.

Cartas de un estoico nace, así, del deseo de tender un puente entre la Roma de Séneca y nuestro tiempo. Leyendo estas cartas volvemos a conversar con un hombre que, pese a la distancia de los siglos, sigue hablándonos de lo esencial: el valor del tiempo, la serenidad ante lo incierto, la amistad, la virtud y el sentido de la vida.

Esperamos que el lector escuche esta voz como la de un compañero de viaje; porque en el fondo, sigue siendo la misma conversación que comenzó hace dos mil años, la de un ser humano que intenta, día tras día, aprender a vivir.

CARTAS

Carta 1

Obra de tal modo, querido Lucilio, que llegues a ser dueño de ti mismo, y guarda con cuidado el tiempo que otros te arrebatan o que tú mismo dejas escapar. Créeme, no te digo nada incierto. Una parte del tiempo nos la quitan los demás; otra nos la roban las circunstancias, y otra gran parte la disipamos nosotros.

La peor pérdida es la que nace de nuestra propia negligencia. Si lo piensas bien, verás que empleamos muchas horas de nuestra vida en obrar mal, otras en no hacer nada y casi todas en hacer lo contrario de lo que deberíamos.

¿A quién hallarás que sepa dar al tiempo su verdadero valor?, ¿que valore el día tal como se merece?, ¿que comprenda que diariamente se acerca a la muerte? Nos engañamos creyendo que la muerte está lejos, cuando en realidad ya le hemos entregado gran parte de nuestra vida: todo el tiempo vivido pertenece a la muerte.

Haz, pues, lo que dices que haces: emplea bien cada hora, y necesitarás menos del porvenir cuanto mejor uses el presente. Mientras dudamos o nos demoramos, el tiempo se escapa.

Todo nos es ajeno, querido Lucilio, excepto el tiempo. La naturaleza solo nos ha concedido esta posesión, pero es tan leve y resbaladiza que cualquiera puede arrebatárnosla. Y, sin embargo, los hombres son tan insensatos que agradecen los dones más pequeños que se les dan y no valoran el tiempo que se les concede, siendo este el único bien que, una vez perdido, nadie puede devolverles.

Tal vez me preguntes cómo actúo yo, que doy tales consejos. Te responderé con sinceridad: obro como los despilfarradores que, al menos, llevan la cuenta de sus gastos. No puedo decir que no haya perdido nada, pero sé cuánto y cómo lo he perdido. Eso ya es algo, dar razón de mi pobreza. Me ocurre lo que a quienes caen en la miseria sin haberla merecido: todos les compadecen, pero nadie les ayuda. No importa. No considero pobre al que se contenta con lo que tiene.

Por eso deseo que tú conserves lo poco que posees —tu tiempo— y que empieces a hacerlo pronto. Porque, como decían nuestros mayores, de nada sirve ahorrar cuando ya no queda nada. Lo que queda al final no solo es poco, sino también lo peor.

Cuídate.

Carta 2

SOBRE LOS VIAJES Y LA LECTURA INDISCRIMINADA

Por lo que me escribes, y por lo que oigo de ti, tengo buenas esperanzas, pues no te dejas arrastrar por la inquietud ni permites que un cambio de lugar perturbe tu ánimo. Esa agitación constante es propia de un espíritu enfermo. El primer signo de un alma serena es saber detenerse y convivir consigo misma.

Pero cuídate también de otro tipo de dispersión: la que proviene de leer sin orden, saltando de un autor a otro y de un libro a otro. Esa curiosidad desmedida no alimenta el espíritu, lo dispersa. Si quieres que algunas ideas echen raíces en ti, detente en unos cuantos autores y aliméntate de ellos. Quien está en todas partes, en realidad no está en ninguna. Quienes viajan sin cesar tienen muchos anfitriones, pero ningún amigo; del mismo modo, quien cambia de autor constantemente, no se entrega a ninguno ni se enriquece con ninguno.

El alimento que se expulsa enseguida no nutre. Nada entorpece tanto la curación como el cambio continuo de remedios. Una herida que se somete sin cesar a nuevas medicinas no cicatriza; una planta que se trasplanta de continuo no echa raíces. Lo mismo sucede con la lectura: la multiplicidad de libros dispersa el ánimo. Si no puedes leer todo lo que posees, basta con que poseas aquello que puedes leer.

«Pero unas veces quiero abrir este volumen y después aquel» —dirás. Es *propio* de un apetito caprichoso probar muchos manjares a la vez: si son diversos y mal combinados, empachan más que alimentan. Lee, pues, a autores que te fortalezcan; y si alguna vez te apartas hacia otros, vuelve siempre a los primeros. Procúrate cada día un amparo contra la pobreza, una defensa contra la muerte y un refugio frente a las demás calamidades. Y, tras haber recorrido muchas páginas, elige una sola idea para meditar durante el día.

Yo hago lo mismo: de lo mucho leído, retengo una sola sentencia. La de hoy es de Epicuro —pues me agrada visitar el campamento enemigo, no como desertor, sino como explorador—, y dice: «La pobreza llevada con alegría es una condición honrosa». Pero si es alegre, ya no es pobreza, pues no es pobre quien tiene poco, sino quien desea más.

De nada sirve lo acumulado en arcas o graneros, ni cuán extensos sean los pastos o los réditos, cuando uno vive pendiente de lo ajeno y no aprecia lo que ya posee, sino lo que le falta por adquirir. Me preguntarás cuál es la justa medida de la riqueza. Te respondo. En primer lugar, tener lo necesario; en segundo, tener lo suficiente.

Cuídate.

Carta 3

SOBRE EL VERDADERO FUNDAMENTO DE LA AMISTAD

Me escribes que has entregado tus cartas a un amigo para que me las haga llegar, y me adviertes que no le hable de nada que te concierna, pues así acostumbras a obrar con él. En una sola carta confiesas y niegas tu amistad.

Supongo que has usado la palabra amigo como suele hacerse: del mismo modo que llamamos «hombres de bien» a quienes solo aspiran a serlo, o decimos «señor» a quien no recordamos por su nombre. ¡Sea así! Pero si tienes un amigo en quien no confías tanto como en ti mismo, te engañas profundamente o no sabes lo que significa la verdadera amistad.

Analiza con tu amigo todos los asuntos, pero antes analízalo bien a él. Una vez entablada la amistad, confía plenamente en ella; pero antes de hacerlo, examínala.

Hay quienes invierten el orden, aman antes de conocer y dejan de amar cuando por fin conocen. Medita largamente antes de entregar tu confianza; pero una vez dado tu corazón, entrégalo por completo. Y háblale con la misma libertad con la que hablarías contigo mismo.

Aun así, vive de manera que nada de lo que hagas debas ocultarlo, ni siquiera a tus enemigos. Salvo aquello que la costumbre reserva a la intimidad, cualquier pensamiento o preocupación debes poder confiárselo a tu amigo. Lo harás fiel si lo consideras fiel, porque desconfiar de antemano es ya una forma de traición: el miedo a ser engañado suele provocar el engaño, pues quien que de él sospechan cree tener derecho a fallar.

¿Cómo? ¿He de callar ante mi amigo? Si no puedo hablarle con plena libertad, ¿por qué llamarlo amigo? ¿No estaría solo, aun en su compañía? Hay quienes confían a cualquiera lo que solo deberían confiar a un amigo, y descargan sus angustias en los oídos del primero que encuentran. Otros, por el contrario, ni a sí mismos se confesarían lo que piensan, y callan hasta ante sus amigos más leales. Ambos extremos son nocivos: tan imprudente es confiar en todos como no confiar en nadie. Pero entre ambos, el segundo es más seguro, aunque el primero más noble. De igual modo, es tan reprobable el que siempre vive inquieto como el que nunca se mueve. La actividad que se complace en el continuo trajín no es verdadera acción, sino la agitación de un ánimo perturbado. Y la quietud que rehúye todo movimiento no es descanso, sino abandono y apatía.

Recuerda lo que leí en Pomponio: «Algunos se esconden tan profundamente en la oscuridad que creen que es confuso todo lo que se encuentra a plena luz». Ambas actitudes deben equilibrarse. Quien descansa debe también actuar, y quien actúa debe también descansar. Consulta con la naturaleza, ella nos dio el día para la acción y la noche para el descanso.

Cuídate.

Carta 4

SOBRE LA TRANQUILIDAD DEL ALMA Y EL DOMINIO DEL TEMOR A LA MUERTE

Persevera como comenzaste y no te demores, para que puedas disfrutar más tiempo de un alma serena y ordenada. También hay gozo en el proceso de corregirla y armonizarla, aunque distinto al que se experimenta al contemplar un espíritu ya limpio y resplandeciente.

Recuerda la alegría que sentiste cuando dejaste la toga infantil y fuiste conducido al foro como adulto; espera un gozo aún mayor cuando abandones la mentalidad pueril y alcances la verdadera madurez a través de la filosofía. Porque, aunque hayamos dejado atrás la infancia, una parte de ella permanece en nosotros:

llevamos la autoridad de los viejos, pero también los vicios de los jóvenes, incluso de los más pequeños. Ellos temen lo que no deberían temer; nosotros tememos tanto lo trivial como lo imaginario.

Sigue adelante y comprenderás que no todo lo que parece temible lo es en verdad. Ningún mal es grande si es el último. La muerte se acerca y habría motivo para temerla si pudiera quedarse contigo, pero necesariamente aún no ha llegado o ya ha pasado. «Es difícil», dirás, «persuadir al alma de despreciar la vida». ¿Y no ves, sin embargo, cuántos la han despreciado por causas frívolas? Uno se ahorcó ante la puerta de su amante; otro se arrojó de un tejado para librarse de un dueño iracundo; otro se atravesó con un cuchillo para evitar ser capturado. ¿No crees que, a través de la virtud, se puede llegar al mismo objetivo que alcanzó el miedo excesivo?

Nadie puede vivir en paz si su único pensamiento es prolongar la vida y cree que el mayor bien consiste en acumular años. Ejercítate cada día en esta idea: estar preparado para dejar la vida con serenidad. Muchos se aferran a ella como quien, arrastrado por una riada, se agarra desesperadamente a zarzas y peñascos. La mayoría vive oscilando entre el miedo a morir y el peso de seguir viviendo; no disfrutan de la vida, pero tampoco saben dejarla.

Haz tu vida más grata desechando el miedo a perderla. Ningún bien es útil para quien lo posee si no está dispuesto a abandonarlo cuando llegue el momento; y ninguna pérdida es más ligera que aquella cuyo objeto, una vez perdido, ya no puede desearse.

Fortalece tu ánimo contra los infortunios que sobrevienen incluso a los más poderosos. Pompeyo cayó por la traición de un pupilo y un eunuco; Craso, asesinado a manos de los partos. César ordenó a Lépido ofrecer el cuello al tribuno Dextro, y él mismo lo presentó después a Querea. Nadie fue elevado por la fortuna tan alto que no quedara expuesto a tantos males como bienes recibió.

No te fíes de la calma presente: el mar se agita de inmediato y, en el mismo día y lugar donde los barcos jugueteaban sobre las olas, se hunden. Piensa que un ladrón, o un enemigo, puede poner un puñal en tu garganta; y que, aun sin enemigos, cualquier hombre es árbitro de tu vida y de tu muerte. Quien desprecia la suya es dueño de la tuya. Observa cuántos han caído en intrigas familiares, unas veces por violencia directa, otras por engaño; y cuántos han perecido tanto a manos de esclavos como por la ira de reyes.

¿Qué sentido tiene temer únicamente a los poderosos si cualquier persona puede inspirarte el mismo miedo? Y si alguna vez caes en manos de un enemigo, no hará más que ejecutar lo que ya estaba decidido: tu muerte, el destino hacia el que avanzas desde el día en que naciste.

Medita estas y otras consideraciones si quieres esperar con serenidad la hora suprema, ese temor que enturbia todo lo demás.

Y para concluir, haz tuya esta máxima que hoy me ha complacido especialmente, tomada también de otros maestros: «Gran riqueza es la pobreza que se conforma con la ley de la naturaleza». ¿Y qué límites nos marca la ley de la naturaleza? No pasar hambre, no tener sed ni sufrir frío. Para lograrlo no es necesario mendigar ante los poderosos ni aceptar favores humillantes; tampoco arriesgar la vida en el mar ni en la guerra. Lo que la naturaleza exige está siempre a nuestro alcance; lo que requiere esfuerzo y fatiga es lo superfluo. Eso es lo que desgasta nuestras ropas, nos envejece en campañas y nos empuja a tierras extrañas. Lo necesario está en nuestras manos: verdaderamente rico es quien acepta con serenidad la pobreza.

Cuídate.

Carta 5

SOBRE LA AUSTERIDAD SINCERA Y EL VIVIR CONFORME A LA NATURALEZA

Celebro tu tesón, Lucilio, y me alegra que hayas decidido orientarlo todo hacia el único propósito de hacerte mejor cada día. No solo te animo, también te lo ruego. Pero cuídate de caer en una trampa frecuente: confundir el progreso con la apariencia de progreso.

No necesitas vestir con telas ásperas, dejarte la barba descuidada, proclamar tu desprecio por la riqueza ni dormir en el suelo para fingir austeridad. Eso no es virtud, sino vanidad. La filosofía, incluso practicada con discreción, ya despierta recelos. ¿Qué sucederá si además nos apartamos por completo de las costumbres comunes?

Que todo en tu interior sea distinto, pero que tu exterior no choque con el de los demás. Que tu ropa sea sencilla, pero no miserable; no busques vajillas de oro, pero tampoco presumas de carecer de todo. Nuestro propósito es vivir mejor que la multitud, no en guerra con ella. Si da la impresión de que despreciamos aquello que los otros valoran, nadie querrá seguirnos.

La filosofía enseña, ante todo, sentido común, serenidad en el trato y armonía en la convivencia. La ostentación —ya sea del lujo o de la pobreza— rompe esa armonía. No necesitamos llamar la atención, sino atraer con el ejemplo.

Vivir conforme a la naturaleza no significa atormentar al cuerpo, despreciar la higiene o enorgullecerse de la suciedad. Tampoco consiste en comer alimentos desagradables para demostrar frugalidad. Así como el exceso de manjares es lujo, el rechazo de los alimentos simples es pedantería. La filosofía pide sencillez, no penitencia; y la sencillez, lejos de excluir el buen gusto, lo ennoblece.

Opta, entonces, por esta norma: que nuestra vida se acerque a la virtud sin apartarse del todo de las costumbres comunes; que todos la admiren y, al mismo tiempo, la vean factible.

«¿Y entonces viviremos igual que los demás? ¿No habrá diferencia alguna?» —me dirás. Sí, una diferencia esencial. Quien nos observe de cerca notará que no somos como la multitud. Quien entre en nuestra casa admirará más a la persona que a los muebles. Es grande quien usa la loza como si fuera plata, y no menor quien usa la plata como si fuera loza. Débil es el espíritu que no sabe convivir con la riqueza.

Y ahora quiero compartir contigo lo que he aprendido hoy. Leyendo a Hecatón, encontré esta enseñanza: *poner límite a los deseos también cura el temor.* Dice: «Dejarás de temer si dejas también de esperar». Quizás te preguntes cómo pueden ir juntas cosas tan contrarias. Y, sin embargo, Lucilio, van unidas. Como una misma cadena que ata al prisionero y al guardián, así esperanza y temor, aunque parezcan opuestos, caminan juntos.

No es de extrañar: ambos nacen de un ánimo inquieto por el futuro, incapaz de descansar en el presente. Así, la previsión —que debería ser una virtud— se convierte en un tormento. Los animales salvajes huyen solo cuando el peligro se acerca y, una vez a salvo, recuperan la calma. Nosotros, en cambio, sufrimos dos veces: por lo que ya pasó y por lo que aún no ha llegado. El presente puede ser arduo, pero no es él quien nos hace desdichados, sino nuestra incapacidad de permanecer en él.

Cuídate.

Carta 6

SOBRE EL TESTIMONIO DEL PROPIO PROGRESO EN LA VIRTUD

Comprendo, querido Lucilio, que no solo estoy mejorando, sino transformándome por dentro. No quiero decir con ello que ya no haya en mí nada que corregir: aún queda mucho por cambiar, ajustar y perfeccionar. Pero el simple hecho de reconocer los propios defectos ya es un avance; del mismo modo que se felicita a ciertos enfermos cuando advierten, al menos, su enfermedad.

Ojalá pudiera compartir contigo este cambio repentino que experimento, para que tú también lo percibieras. Así sabría con certeza que entre nosotros existe esa amistad verdadera, firme ante la esperanza, el temor o el interés; esa amistad por la que los hombres no solo viven, sino que saben morir.

Conozco a muchos que no carecieron de amigos, sino de amistad. Pero eso no puede ocurrir entre quienes se unen movidos por el mismo amor a la virtud. ¿Y por qué no? Porque entre ellos todo es común —y, sobre todo, las adversidades.

No imaginas cuánto adelanto cada día. «Comunícame esos medios tan eficaces que has encontrado» —dirás. Todo quiero transmitírtelo, pues no aprendo solo para mí, sino para poder enseñar. Nada me satisface, por grande o provechoso que sea, si debo guardarlo en silencio. Si se me ofreciera la sabiduría con la condición de no compartirla, la rechazaría. Solo se puede disfrutar el bien cuando se comparte.

Te enviaré, pues, los libros de los que he obtenido provecho, acompañados de notas, para que no pierdas el tiempo buscando lo interesante. Verás enseguida los pasajes que apruebo y admiro. De todos modos, más que la palabra escrita, te resultará más útil la conversación viva y el contacto directo. Es necesario ver las cosas con los ojos, no solo oírlas con los oídos. El ejemplo enseña más que el precepto.

Cleantes no habría comprendido a Zenón solo escuchándolo: convivió con él, penetró en su espíritu, observó si vivía conforme a lo que enseñaba. Así también Platón, Aristóteles y los demás filósofos que fundaron sus escuelas aprendieron tanto de las costumbres de Sócrates como de su doctrina. No fue la enseñanza de Epicuro, sino su trato, lo que formó a Metrodoro, a Hermarco y a Polieno.

No te digo esto para que solo tú lo aproveches, también espero que lo hagas en beneficio de otros. Así nos seremos útiles mutuamente y creceremos juntos.

Y ahora, para corresponderte, quiero contarte lo que hoy me ha complacido en la lectura de Hecatón: «¿Quieres saber qué he aprendido? He aprendido a ser amigo de mí mismo» —dice. Sin duda, ha avanzado mucho, porque quien logra ser su propio amigo nunca está solo. Y recuerda, además, que quien vive en buena relación consigo mismo se convierte, en cierto modo, en amigo de todos.

Cuídate.

Carta 8

SOBRE EL RECOGIMIENTO DEL SABIO

Me preguntas: «¿Acaso me aconsejas que evite las multitudes, me retire y esté contento con mi conciencia? ¿Dónde quedan entonces tus exhortaciones para que actúe y persevere?».

No creas que permanezco ocioso. No me he retirado para descansar, sino para ser útil. Trabajo cada día y dedico parte de la noche al estudio; mis ojos, cansados de la vigilia, siguen abiertos sobre la tarea, y no me entrego al sueño, sucumbo a él.

No solo me he retirado de los hombres, también de los negocios, empezando por los míos. Ahora me ocupo de los de la posteridad. Escribo pensamientos que puedan ser útiles, consejos que actúen como remedios probados, porque antes curaron mis propias heridas; que, aunque no estén del todo cerradas, al menos ya no se agrandan. Indico a otros el camino recto que yo mismo encontré tarde, después de mucho errar y tropezar.

Y así exclamo:

Evitad lo que halaga a la multitud y lo que os concede el azar. Desconfiad de todo bien que os ofrezca la Fortuna. También las fieras y los peces caen en la trampa cuando se dejan atraer por un cebo engañoso. ¿Creéis que son presentes de la Fortuna? No son dádivas, sino señuelos.

Quien quiera vivir seguro debe desconfiar de esos falsos presentes que, con apariencia de bienes, nos encadenan. Prometen libertad, pero atan; ofrecen altura, pero precipitan. La prosperidad es un terreno resbaladizo: hoy te eleva, mañana te derriba. A veces, la Fortuna golpea de repente; otras, te sacude poco a poco hasta hacerte caer.

Aferraos, pues, a un modo de vida sobrio y saludable. Dad al cuerpo solo lo necesario para la salud, pero tratadlo con cierta severidad para que obedezca al espíritu. Que la comida calme el hambre, que la bebida apague la sed, que el vestido proteja del frío, y que la casa sea solo un refugio contra la intemperie. Poco importa que sea de barro o de

mármol: el hombre se resguarda igual bajo un techo de paja
que bajo uno de oro. Despreciad lo que el esfuerzo superfluo
ofrece como ornamento o lujo. Admirad solo al espíritu, que,
siendo grande en sí mismo, no necesita que nada externo lo
engrandezca.

¿No crees que hago algo más provechoso escribiendo estas cosas que defendiendo causas ajenas, sellando testamentos o prestando mi voz en el Senado a algún amigo ambicioso? Créeme, los que parecen ociosos son a menudo los más activos, porque se ocupan de lo más alto: de las cosas humanas y las divinas.

Y, como acostumbro, concluiré esta carta con una enseñanza. Hoy la tomo de Epicuro, que dijo: «Debes servir a la filosofía si quieres alcanzar la verdadera libertad. Quien se entrega a ella no retrasa su liberación, la obtiene en el acto. Servir a la filosofía es ser libre».

Quizás te preguntes por qué cito tantas sentencias de Epicuro y no de nuestra escuela. Pero ¿qué razón hay para llamarlas suyas y no patrimonio común de todos los sabios? ¡Cuántas verdades han dicho los poetas que los filósofos deberían repetir! Ni siquiera mencionaré a los trágicos o a los autores de fábulas togadas, que por su severidad pueden situarse entre la comedia y la tragedia. ¡Cuántos versos memorables se esconden en los mimos! Publilio Siro, por ejemplo, escribió muchos que merecen ser escuchados por los sabios, no por el vulgo.

Uno de ellos encaja bien con lo que tratamos: «Ajeno es todo aquello que nace del deseo». Y recuerdo que tú mismo lo expresaste con más brevedad y elegancia: «No es tuyo lo que la fortuna te ha dado». E incluso con mayor acierto en otra sentencia tuya: «El bien que pudo ser dado puede ser quitado».

Este último pensamiento no te lo cobro como deuda. Lo has aportado tú mismo, desde tu propia bolsa.

Cuídate.

Carta 9

SOBRE LA AMISTAD DEL SABIO
Y LA AUTOSUFICIENCIA

Quieres saber, querido Lucilio, si Epicuro tiene razón cuando censura a quienes afirman que el sabio se basta a sí mismo y, por tanto, no necesita amigos. Epicuro reprochaba esta idea a Estilbón y a otros que situaban el sumo bien en un alma insensible, pero conviene aclarar bien este punto.

Traducir *apatheia* como «apatía» puede inducir a error, porque parece referirse a alguien incapaz de sentir, cuando en realidad designa a quien ha aprendido a que lo que siente no le haga daño. No se trata de un corazón de piedra, sino de un ánimo firme que no se deja quebrar por el dolor. Sería más justo traducirlo como «alma invulnerable» o «por encima del sufrimiento».

La diferencia entre su doctrina y la nuestra es esta: para nosotros, los estoicos, el sabio siente la incomodidad, pero la vence; para ellos, ni siquiera la siente.

En lo que sí coincidimos es en que el sabio se basta a sí mismo. Aun así, desea tener un amigo, un vecino, un compañero; no porque los necesite, sino porque su naturaleza le lleva a amar y ser amado.

Mira hasta qué punto el sabio se contenta consigo mismo: si una enfermedad o un enemigo le arrebatan una mano o un ojo, lo que queda le basta. Será tan dichoso con un cuerpo incompleto como lo fue con uno entero. No lamenta lo perdido, aunque tampoco lo desdeña.

El sabio no rechaza la amistad, pero puede sobrellevar con serenidad la ausencia de un amigo. Y, además, nunca le faltan, porque sabe hacérselos con facilidad. Al igual que Fidias, que si perdía una estatua podía esculpir otra, el sabio, artesano de la amistad, sabe reemplazar al amigo que le falta.

Me preguntas cómo puede hacerlo tan pronto. Te lo diré, y con ello pago la deuda de esta carta. Hecatón escribió: «Te enseñaré un filtro de amor sin hierbas ni conjuros: si quieres ser amado, ama».

La amistad antigua es un gran placer, pero también lo es el nacimiento de una nueva. Conservar un amigo y ganarlo no es lo mismo, es como segar y sembrar. Átalo decía que es más grato hacer un amigo que tenerlo. El artista disfruta más pintando que contemplando el cuadro terminado; la obra en marcha cautiva más que la ya concluida. Lo mismo ocurre con los hijos: la infancia enternece, aunque la juventud sea más provechosa.

Volvamos a nuestro propósito. Aunque el sabio se baste a sí mismo, desea tener amigos para ejercitar la amistad y no abandonar una virtud tan noble. No, como decía Epicuro, para tener a alguien que lo asista en la enfermedad o lo socorra en prisión, sino para ser él quien visita al enfermo o libere al cautivo. Quien busca amigos por interés yerra desde el principio: si los eligió para que le sean útiles, los perderá por el mismo motivo. Tales amistades duran mientras son rentables, por eso muchos rodean al próspero y abandonan al caído.

«¿Para qué, entonces, buscamos un amigo?», preguntas. Para tener a alguien por quien morir, a quien seguir en el destierro, a quien entregar la vida. Lo demás no es amistad, sino comercio, nace del interés y espera siempre un pago.

En el amor hay algo de amistad, aunque más exaltada. Porque ¿acaso alguien se enamora por dinero, por gloria o por ambición? El amor, por sí mismo, enciende el alma con el deseo de belleza y esperando ser correspondido. Si incluso las pasiones más bajas se buscan por sí mismas, ¿con cuánta más razón la amistad, que es noble, debe desearse por su propio valor?

Algunos dicen: «Nadie duda de que la amistad deba desearse por sí misma». Pero, en realidad, es lo que más necesita demostrarse. Si la amistad es un bien verdadero, quien se basta a sí mismo también la buscará, como se busca lo bello o lo justo: no por utilidad, sino por amor al bien. Quien busca la amistad solo en la prosperidad le quita su dignidad.

«El sabio se contenta consigo mismo», dices. Muchos no entienden bien esta frase, así que conviene precisarla. El sabio se basta a sí mismo para vivir feliz, no simplemente para vivir. Para vivir se necesitan muchas cosas; para vivir feliz, basta un ánimo sano, libre y sin temor a la fortuna.

Escucha lo que dice Crisipo: «Aunque el sabio se sirva de muchas cosas, no necesita de ninguna para ser feliz; el necio, en cambio, no sabe servirse de nada y, sin embargo, necesita de todo».

El sabio se sirve de manos, ojos, bienes y amigos, pero no depende de ellos. La necesidad esclaviza; el sabio, libre de toda dependencia, posee su libertad incluso en la pobreza.

Así pues, aunque pueda bastarse, el sabio desea amigos y se sirve de ellos, no porque los necesite, sino porque los valora. Su felicidad no necesita apoyos externos; solo empieza a ser vulnerable cuando su paz depende de lo ajeno.

«¿Y qué será del sabio», dices, «si, sin amigos, cae en prisión, naufraga o queda aislado en tierra extraña?». Será como Júpiter cuando el universo se disuelve por un instante: se repliega en sí mismo y descansa en su razón. Mientras conserve su razón, le basta. Y, aun así, toma esposa, cría hijos y no quiere vivir en total soledad. La amistad no nace del cálculo, nace de la naturaleza; así como la soledad nos resulta odiosa, el impulso de convivir nos une y nos inspira el deseo de amar.

Sin embargo, aunque el sabio ame a sus amigos, guarda todos sus bienes dentro de sí y, llegado el caso, puede situarse por encima de ellos, como hizo Estilbón —sí, el mismo al que Epicuro criticó—.

Cuando su patria fue destruida y murieron su esposa y sus hijos, permaneció solo y, también, feliz. Demetrio, llamado Poliorcetes, le preguntó si había perdido algo. Estilbón respondió: «Nada he perdido. Todos mis bienes los llevo conmigo».

¡Qué firmeza! Venció al vencedor con una sola frase. Llevaba consigo la justicia, la entereza, la prudencia y esa sabiduría suprema que consiste en no considerar un bien aquello que puede ser arrebatado. Admiramos a animales que atraviesan el fuego sin quemarse; más digno de admiración es el hombre que atraviesa ruinas y pérdidas sin perderse a sí mismo.

Y no creas que solo nosotros pronunciamos sentencias elevadas. El mismo Epicuro dejó esta que hoy te ofrezco como tributo: «Si a alguien sus bienes no le parecen suficientes, aunque posea el mundo entero, seguirá siendo un desdichado».

O, dicho de otro modo —porque lo que importa es el sentido más que las palabras—: «Es miserable quien no se tiene por feliz, aunque gobierne el mundo entero».

Y un poeta cómico lo resumió con acierto: «Nadie es dichoso si no cree serlo».

«¿Bastará, entonces, con que un rico indigno se proclame feliz para que lo sea?», preguntas. No importa lo que diga, sino lo que verdaderamente sienta, y no un solo día, sino de manera constante. No temas que tan gran bien recaiga en un indigno, solo el sabio puede bastarse a sí mismo. El necio, en cambio, nunca está contento, ni siquiera consigo.

Cuídate.

Carta 11

SOBRE EL PUDOR Y LA IMPORTANCIA DE UN GUÍA MORAL

He hablado con tu amigo: un joven de buen carácter, cuyas primeras palabras ya mostraban talento, firmeza y un ánimo en progreso. Se expresó de manera espontánea, sin preparación alguna, y por eso vale más: lo que nace sin artificio revela la raíz verdadera.

Apenas podía contener su timidez, y eso, en un joven, es buena señal: se sonrojaba. Sospecho que ese rubor lo acompañará siempre, incluso cuando haya madurado y alcanzado la sabiduría. Lo que nos es innato se puede moderar con el tiempo, pero no desaparece por completo.

También a los oradores más experimentados la naturaleza les recuerda su poder: algunos sudan como si hubiesen corrido; a otros les tiemblan las rodillas al empezar, se les seca la boca o se les traba la lengua. Ni la práctica ni los años los libran de esos síntomas. La naturaleza nos recuerda de este modo que, por mucho dominio que alcancemos, seguimos siendo humanos.

Así ocurre con el rubor: aparece de pronto, incluso en los hombres más dignos. Es más frecuente en los jóvenes, por el calor de la sangre y la delicadeza de la piel, pero también alcanza a los maduros y los ancianos. A algunos, incluso, les infunde autoridad: como si en un instante descargaran toda su vergüenza contenida. Sila se volvía más violento cuando su rostro se enrojecía; Pompeyo, en cambio, parecía más vulnerable, siempre ruborizado ante la multitud. Recuerdo a Fabianus en el Senado, cuando fue llamado como testigo: se sonrojó, y aquella modestia lo ennoblecía. No por debilidad mental, sino como una reacción natural ante una situación nueva. Algunos tienen la sangre tranquila y reposada; otros, ligera y vivaz, pronta a subir al rostro. Ninguna sabiduría puede disipar del todo estas disposiciones: si pudiera borrar los rasgos de la naturaleza, la sabiduría dejaría de ser humana. Lo que el nacimiento nos da, permanece, aunque el alma se temple una y mil veces.

Los actores pueden imitar la vergüenza bajando la voz o la mirada, pero no pueden fingir el rubor: ni se provoca ni se contiene. No depende de nosotros; llega sin aviso y se desvanece sin permiso.

Y ahora, una enseñanza con la que quiero concluir. Grábala en tu memoria, porque es de gran provecho: «Debemos elegir a un hombre bueno y tenerlo siempre ante los ojos, de modo que vivamos como si nos mirara y obráramos como si pudiera vernos».

Este consejo, de Epicuro, nos coloca junto a un testigo interior. Y tiene razón: muchos pecados se evitan solo por la presencia de alguien que nos observa. El alma necesita una figura a la que respetar, cuya sola imagen —o incluso su recuerdo— purifique nuestros pensamientos más íntimos. Dichoso quien corrige su vida no solo ante un amigo, sino también ante su recuerdo; quien, al vivir con respeto al otro, pronto se hace digno de respeto.

Elige a Catón o, si te parece demasiado severo, a Lelio, de carácter más afable. Escoge a alguien cuya vida, palabra y rostro te inspiren, alguien cuya sola presencia te recuerde la nobleza del alma humana. Tenlo siempre contigo, como norma y ejemplo, porque lo torcido nunca se endereza sin una regla recta.

Cuídate.

Carta 12

SOBRE LA VEJEZ Y LA ACTITUD ANTE LA MUERTE

Adondequiera que dirijo la mirada encuentro señales de mi vejez. Fui a visitar mi villa de las afueras y me lamenté del gasto que exigían sus muros en ruinas. El administrador me aseguró que no era por negligencia suya, que hacía todo lo posible, pero que la casa era vieja. Aquella villa había crecido bajo mis propias manos: si las piedras que tienen mi edad ya se desmoronan, ¿qué puedo esperar de mí?

Me irrité con él y busqué otro motivo de queja. Dije: «Estos árboles están descuidados, sin hojas, con ramas nudosas y troncos resecos. Esto no ocurriría si alguien los cavara y los regara». Juró que nada descuidaba, pero que los árboles envejecían. Yo mismo los había plantado, había visto brotar sus primeras hojas.

Luego me volví hacia la entrada y pregunté: «¿Quién es ese viejo harapiento sentado junto a la puerta? Parece listo para ser desechado. ¿De dónde lo sacaste? ¿Por qué mantener con vida a un muerto ajeno?». El administrador me respondió: «¿No lo reconoces? Es Felición, aquel niño a quien solías dar pequeños regalos, hijo de Filósito, tu mayordomo favorito». Apenas pude creerlo: ese niño, ante mis ojos, había envejecido hasta perder los dientes.

Eso me enseñó mi villa: mi propia vejez reflejada en todo lo que miraba. Abracémosla, Lucilio, y aprendamos a amarla, porque también la vejez encierra placeres si sabemos reconocerlos. Las manzanas son más dulces cuando empiezan a arrugarse; la juventud alcanza su máxima belleza al declinar; el último sorbo es el que sacia al bebedor. Todo placer guarda lo mejor para el final. También la vida es más deliciosa cuando está en la pendiente descendente, pero sin haber llegado aún a la decadencia. Incluso en el borde mismo del ocaso hay un gozo propio, o al menos el alivio de no necesitar ya nada. ¡Qué dulce es haber dejado atrás los deseos y haberse liberado de ellos!

Dirás que es duro tener tan presente la muerte. Pero debería estarlo tanto para el joven como para el viejo, porque nadie es convocado por edad, sino por destino. Ninguno es tan anciano para no esperar un día más. Cada jornada es un paso hacia el final. La vida está formada por ciclos: el mayor va del nacimiento a la muerte; otros más breves abarcan la juventud o la niñez; el año, con sus estaciones; el mes, que las encierra en un círculo menor; y el día, el más breve de todos, que va de la aurora al ocaso.

Por eso dijo Heráclito: «Un día es igual a todos los días». Algunos lo entendieron por el número de horas —pues todos tienen veinticuatro—; otros, por la sucesión de luz y tinieblas, que siempre se repite. En cualquier caso, el sentido es claro: cada día debe vivirse como si se completara un ciclo.

Pacuvio, gobernador de Siria, solía celebrar cada noche sus propios funerales, entre vino y cantos de eunucos que repetían: «¡Ha vivido!, ¡ha vivido!». Ningún día dejaba de enterrarse. Lo que él hacía con insensatez, hagámoslo nosotros con sabiduría: al acostarnos, digamos con gratitud: «He vivido; he recorrido la carrera que me dio la fortuna». Y si la divinidad nos concede un nuevo amanecer, recibámoslo como un don añadido. Dichoso es quien espera el día siguiente sin ansiedad, quien puede decir «he vivido» y acoger cada amanecer como un regalo.

Pero debo concluir esta carta. «¿Vendrá sin el regalo de costumbre?», me dirás. No temas: lo trae, y es grande. Aquí lo tienes: «Es duro vivir en la necesidad, pero no es necesario vivir sometido a ella».

Y así es: hay muchos caminos breves y fáciles hacia la libertad. Demos gracias a los dioses, porque nadie está obligado a permanecer en esta vida: podemos, si queremos, dejar de ser esclavos de la necesidad.

«Eso lo dijo Epicuro», objetarás. ¿Y qué importa quién lo dijo si es verdadero? Todo lo verdadero nos pertenece. Seguiré citando a Epicuro para que quienes veneran más al autor que a la verdad comprendan que lo verdadero no es propiedad de uno solo, sino de todos.

Cuídate.

Carta 13

SOBRE EL MIEDO ANTICIPADO

Sé que posees un gran valor, Lucilio. Ya antes de consolidar firmemente tus principios sabías plantar cara a la fortuna; ahora, que la desafías con conciencia y fortaleza, tu temple se muestra con mayor claridad. Las verdaderas fuerzas solo se revelan en la dificultad: ahí se conoce el coraje genuino, el que no se rinde ni se somete a la voluntad de otro.

Un atleta que nunca ha recibido un golpe no puede demostrar su resistencia. En cambio, quien ha visto su propia sangre, ha soportado caídas y se levanta una y otra vez con más decisión, entra al combate con mayores posibilidades de victoria.

Así ocurre contigo: la fortuna te ha derribado muchas veces, pero nunca te ha vencido. Te has replegado un instante solo para volver con más fuerza. El valor, ante los desafíos, crece. Sin embargo, permíteme ofrecerte algunos consejos para fortalecer tu firmeza.

Son más las cosas que nos asustan que las que realmente nos dañan, sufrimos más a menudo en la imaginación que en la realidad. No te hablo con el rigor estoico, que niega importancia a los males, te hablo con sensatez: no sufras antes de tiempo. Lo que temes quizá nunca llegue, y lo cierto es que aún no ha llegado.

Algunos males nos hacen sufrir más de lo necesario; otros, antes de tiempo, y otros, sin motivo alguno. A veces los amplificamos, otras los anticipamos y otras los inventamos. Que sean reales o simples fantasmas, depende de la fortaleza del ánimo. Lo que a unos les resulta soportable, a otros les parece insufrible: algunos se ríen bajo los azotes; otros se lamentan por un simple rasguño.

Hazme un favor: cuando oigas a muchos compadecerte, no pienses en lo que ellos dicen, sino en lo que tú sientes. Pregúntate: «¿Es esto realmente un mal o solo una apariencia mal juzgada? ¿No estaré exagerando y tomando por malo lo que no lo es?».

«¿Y cómo sabré si lo que me angustia es verdadero o falso?», dirás. Examina su naturaleza: nos atormenta el presente o el futuro, o ambas cosas a la vez. Si tu cuerpo está sano y libre de dolor, entonces el mal no está aquí, sino en el temor de lo que podría suceder.

«Pero esos males llegarán», objetas. Antes de temerlos, asegúrate de que sean ciertos. A menudo nos engañan las sospechas, igual que en la guerra los rumores falsos hacen huir a ejércitos enteros. Lo mismo ocurre con nosotros: tememos sin comprobar, damos crédito a las apariencias y huimos como si el peligro fuera real.

Los miedos imprecisos son los más terribles, porque carecen de límites y se agrandan con la imaginación. Aquello que no tiene forma queda a merced del delirio. Por eso, los temores de los locos son los peores: los demás temen sin razón; ellos, sin juicio.

Conviene examinar cada caso con calma. Que algo *pueda* suceder no significa que *vaya a suceder*. ¡Cuántas cosas tememos en vano, y cuántas nos alcanzan sin esperarlas! Y, aunque lleguen, ¿de qué sirve padecerlas antes de tiempo? Afróntalas cuando lleguen; mientras tanto, confía en que el desenlace puede ser mejor.

Con este modo de pensar, lo primero que ganas es tiempo, ya que en ocasiones la desgracia se detiene, se aplaza o se desvía. La fortuna es inconstante, lo que parecía fatal termina suavizándose o desapareciendo.

A menudo, la mente inventa temores infundados. Interpreta una palabra ambigua en el peor sentido, agranda una ofensa mínima o se inquieta más por lo que imagina que por lo que padece. Pero si lo tememos todo, nunca estaremos en paz. Deja, pues, que la razón intervenga: rechaza los miedos cuando aparezcan; y si no puedes, al menos contrarréstalos moderando el temor con la esperanza. Recuerda que los miedos intensos se disipan pronto, y que las ilusiones, tarde o temprano, se desvanecen.

Pon, entonces, en una balanza los temores y las esperanzas. Si nada es seguro, elige siempre la interpretación más favorable. Y, si aun así el miedo persiste, no te dejes arrastrar. Nos dejamos llevar por rumores, tomamos dudas por certezas y damos a una sospecha el peso de una desgracia.

Pero me avergüenza tranquilizarte con leves consuelos. Te mereces una medicina más firme que un simple «quizá no suceda». Di más bien: «¿Y qué si sucede? Entonces veré quién vence. Tal vez ocurra para mi bien; incluso la muerte puede honrar mi vida». La cicuta dio gloria a Sócrates; la espada, libertad a Catón.

He insistido demasiado en exhortarte, cuando lo que necesitas no son arengas, sino recordatorios. No

pretendo desviarte de tu camino, intento que te rea-
firmes en él. Has nacido para cultivar y perfeccionar
la bondad que ya posees.

Y termino, como es costumbre, con una sentencia que sirva de sello a esta carta: «El necio, entre
otros males, también posee este: siempre trata de
reiniciar su vida».

Reflexiona el sentido de este dicho. ¡Qué triste
frivolidad la de quienes cada día comienzan de
nuevo y, al llegar al final, aún buscan empezar! Mira
a tu alrededor: hay ancianos que todavía quieren
prosperar en política, emprender viajes o enrique-
cerse con nuevos negocios. ¿Qué hay más impropio
que un anciano que pretende empezar a vivir?

No citaría al autor si no fuera porque la sentencia
es de Epicuro, y por su nobleza merece ser recono-
cida. Pero la hago mía, porque lo verdadero no pertenece a nadie, nos pertenece a todos.

Cuídate.

Carta 14

SOBRE EL CUIDADO DEL CUERPO
Y LA FORTALEZA ANTE EL DOLOR

Reconozco, Lucilio, que el afecto por el cuerpo es natural, ha sido confiado bajo nuestra tutela. No niego
que debamos cuidarlo; niego, en cambio, que debamos servirlo. Quien se convierte en esclavo de su
cuerpo —temiéndolo demasiado y subordinando a él
todas sus acciones— termina siéndolo también de

muchos hombres. Vivamos, pues, no para el cuerpo, sino conscientes de que no podemos vivir sin él.

Quien ama en exceso su cuerpo vive rodeado de temores, cargado de preocupaciones y siempre expuesto a la humillación: cuando el cuerpo se convierte en el bien supremo, la dignidad se vende al precio más bajo. Cuidémoslo, sí, pero de tal modo que, cuando lo exijan la razón, la lealtad o la dignidad, podamos entregarlo sin vacilar a la muerte.

Mientras tanto, evitemos en lo posible no solo los peligros, sino también las incomodidades. Busquemos caminos que nos devuelvan la serenidad frente a lo que tememos. Si no me equivoco, nuestros miedos se reducen a tres: la pobreza, la enfermedad y la opresión de los poderosos. Este último nos aterra más, porque suele venir acompañado de violencia. La miseria y la dolencia, como males naturales, se insinúan poco a poco; la violencia, en cambio, irrumpe con estrépito: con hierro, fuego, cadenas o bestias que desgarran la carne.

Imagina prisiones y cruces, cuerpos estirados en el potro, miembros arrancados por carros que tiran en direcciones opuestas, túnicas empapadas en fuego. No extraña que esos tormentos espanten: el verdugo ya ha vencido antes de golpear, solo mostrando su catálogo de suplicios.

Procuremos, pues, no ofender. A veces, el peligro está en el pueblo; otras, en los poderosos; y en ocasiones, en un solo hombre armado de su favor. Ganarse la amistad de todos es imposible, basta con no tenerlos por enemigos. El sabio no provocará la ira del poder, la esquivará. Igual que el navegante observa las nubes antes de adentrarse en un estrecho, el sabio se mantiene lejos de quienes podrían dañarlo, procurando que su prudencia no parezca cobardía. Parte de la seguridad está en la discreción: quien deja ver su miedo ya se ha entregado al peligro.

Para estar a salvo de la multitud, sigue estas dos reglas. La primera, no desees lo que el vulgo desea, porque la lucha surge entre competidores. La segunda, no ostentes riquezas ni bienes. Pocos atacan solo por crueldad; la mayoría lo hace por codicia. El ladrón pasa de largo ante quien nada tiene, el pobre camina tranquilo incluso en un camino peligroso.

Recuerda la antigua norma: evita el odio, la envidia y el desprecio. Solo la sabiduría enseña este equilibrio, porque al huir de la envidia podemos caer en el desdén, y al evitar el desdén podemos parecer dispuestos a ser pisoteados. También el temor que inspiramos despierta temores en los demás. Debemos cuidarnos por todos los flancos, pues no es menos peligroso ser despreciado que ser envidiado.

Refugiémonos, entonces, en la filosofía: ocupación serena y recogida, que goza de respeto incluso entre quienes no la practican. Las artes que buscan aplausos despiertan rivales; la filosofía, si se ejerce con calma y modestia, conserva su dignidad y rara vez provoca enemistad.

Podrías decirme: «¿Y acaso Catón practicó la filosofía en silencio, él que se enfrentó a César y Pompeyo?». Pero no está claro que fuese deber del sabio participar entonces en la política. Ya no estaba en juego la libertad —se había perdido hacía tiempo—, sino elegir entre dos amos. Quizá uno fuera menos cruel, pero un amo sigue siendo un amo. ¿Qué podía hacer el sabio? Clamar en vano, ser expulsado del Foro o conducido del Senado a la cárcel.

Ya hablaremos en otra ocasión de si el sabio debe dedicarse a los asuntos públicos. Por ahora, sigue el ejemplo de aquellos estoicos que, apartados del bullicio político, se consagraron a perfeccionarse a sí mismos y a dictar leyes para la humanidad sin provocar a los poderosos. El sabio no altera las costumbres admitidas ni atrae sobre sí la atención del pueblo con extravagancias.

«¿Vivirá entonces seguro?», me preguntas. La frugalidad favorece la salud, pero no la garantiza; del mismo modo, el retiro de la vida pública no asegura la tranquilidad. Si un barco puede naufragar incluso en el puerto, ¿qué no sucederá en alta mar? Si ni siquiera el retiro está libre de peligro, con mayor razón se arriesga quien se expone abiertamente en la política.

Es cierto: también los inocentes mueren, pero más a menudo mueren los culpables. Y quien cae combatiendo con la espada en la mano demuestra su pericia y su valor. En definitiva, el sabio mide sus actos por la intención, no por el resultado. En nuestras manos están los principios; el desenlace lo dicta la fortuna. Ella podrá traer tormentos, persecuciones o pérdidas, pero aunque el bandido pueda quitarme la vida, jamás podrá arrebatarme la libertad interior.

Y ahora, como de costumbre, esperas tu gratificación diaria. Hoy te la ofrezco en oro y, ya que hablamos de oro, escucha cómo puede emplearse mejor: «Quien más disfruta de las riquezas es quien menos las necesita».

¿De quién es la frase? Tal vez de Epicuro, de Metrodoro o de alguno de su escuela. ¿Y qué importa? Lo verdadero nos pertenece a todos. Quien necesita la riqueza la teme, y nadie goza de un bien que lo esclaviza. Ocupado en aumentarla, olvida disfrutarla: corre al foro, revisa sus cuentas y, de señor, acaba siendo su propio administrador.

Cuídate.

Carta 15

SOBRE EL CULTIVO DEL ALMA
Y EL EJERCICIO DEL CUERPO

Los antiguos solían comenzar sus cartas diciendo: «Si estás bien, me alegro; yo estoy bien». Con más razón deberíamos decir: «Si filosofas, me alegro», porque filosofar es, en verdad, estar bien. Sin filosofía, el ánimo se debilita, e incluso el cuerpo más fuerte goza de una salud tan incierta como la de los insensatos.

Cuida primero la salud del alma y después la del cuerpo —que no es difícil conservar si se desea con sensatez—. Resulta mezquino que un hombre cultivado dedique su vida a ensanchar los brazos, alargar el cuello o endurecer los costados. Por muy disciplinado que seas con la dieta o el entrenamiento, nunca igualarás la fuerza de un buey ni la resistencia de una mula. Además, un cuerpo demasiado robusto oprime al alma y le resta agilidad. Mantén el cuerpo en lo necesario y deja espacio al espíritu.

Quienes se exceden en el ejercicio físico cosechan más inconvenientes que beneficios: prácticas que asfixian y embotan la mente, comidas pesadas que entorpecen la reflexión y maestros vulgares —habituales del gimnasio y la taberna—, satisfechos con sudar y reponer lo perdido bebiendo vino a grandes tragos. Beber y sudar: esa es la rutina de un régimen tosco y poco saludable.

Hay, en cambio, ejercicios sencillos y breves que fortalecen el cuerpo sin robar tiempo al estudio: correr, mover los brazos con pesas, saltar —ya alzando el cuerpo, ya lanzándolo hacia adelante— o esos brincos rítmicos que, sin elegancia, llamo «saltos de batanero». Elige cualquiera, con tal de que sea simple y breve. Pero, hagas lo que hagas, vuelve pronto del cuerpo al alma y entrénala día y noche. Ella se nutre con esfuerzo moderado y no la detienen ni el frío, ni el calor, ni la vejez. Dedícate al único bien que mejora con los años.

Tampoco te aconsejo que permanezcas siempre inclinado sobre libros y cuadernos: el espíritu necesita descanso, pero no para aflojarse, sino para recobrarse. Un paseo en litera ejercita el cuerpo sin interrumpir el estudio: puedes leer, dictar, conversar o escuchar. Incluso el paseo a pie es compatible con estas tareas. No desprecies tampoco ejercitar la voz,

aunque te prohíbo someterla a escalas forzadas o
tonos artificiales —¿para qué aprender a hablar
como un actor o a caminar como un bailarín?—.
Aparta de ti los ejercicios inútiles y deja esas minucias para los maestros que, por falta de sabiduría,
corrigen hasta el modo de andar o de llevarse la comida a la boca.

¿Acaso tus conversaciones deben empezar a gri-
tos? No, lo natural es que el tono de voz crezca poco
a poco. También los litigantes comienzan hablando y
solo después elevan el tono; nadie inicia una disputa
con alaridos. Igualmente, dirige tus reproches al vicio
unas veces con calma y otras con firmeza, según lo
que requiera el momento. Modera la voz para que
descienda sin quebrarse, sin rudeza ni furia. No se
trata tanto de fortalecer la voz como de aprender a
modelarla, pues quien domina su voz empieza a dominarse a sí mismo y a ser útil a los demás.

Te he ahorrado algunos esfuerzos, y a cambio te
dejo un único, pero gran regalo: «La vida del necio
es ingrata y temerosa; toda ella se orienta hacia el
futuro».

¿Quién lo dijo? Epicuro. ¿Y a quién llama necio?
No a los bufones, sino a nosotros, arrastrados por un
deseo ciego hacia bienes que nos perjudican o que, en
el mejor de los casos, nunca nos bastan. Si algo pudiera colmarnos, ya lo habría hecho. Todavía no comprendemos cuán dichoso es no desear nada, ni cuán
grandioso es sentirse pleno y libre de la fortuna.

Recuerda, Lucilio, lo mucho que ya has logrado.
Cuando mires a los que van por delante, mira también

a los que van por detrás. Si quieres mostrar gratitud a los dioses y a ti mismo, reconoce a cuántos has superado. Y, en cualquier caso, ¿de qué sirve compararte con los demás? Te has superado a ti mismo, y eso es lo que importa.

El sabio no solo se conforma con lo suficiente: educa a su alma para que desee únicamente lo suficiente. Rechaza esos bienes engañosos que parecen grandes mientras se esperan, pero se empequeñecen al poseerlos. En realidad, solo acrecientan la sed de quien los prueba.

Dejemos, pues, la ostentación. ¿Para qué pedir a la fortuna lo que el azar promete para mañana cuando puedo obtener algo mejor de mí mismo: no desearlo? ¿Para qué acumular bienes olvidando la fragilidad humana? Vive cada día como si fuera el último; o, si prefieres ser más indulgente contigo mismo, como si fuera el penúltimo.

Cuídate.

Carta 16

SOBRE VIVIR POR PRINCIPIOS, NO POR OPINIONES

Sé bien, Lucilio, que esto te resulta evidente: nadie puede vivir feliz —ni siquiera de manera soportable— sin entregarse sinceramente a la búsqueda de la sabiduría. La vida verdaderamente dichosa comienza cuando esa sabiduría alcanza la madurez; pero incluso en sus inicios ya hace la existencia más serena y llevadera.

Por claro que parezca este principio, conviene recordarlo cada día, pues es más difícil mantenerse fiel a un propósito que concebirlo. Persevera en tu estudio hasta que lo que hoy es buena voluntad se establezca como buena inteligencia.

No necesitas largos razonamientos, sé que has progresado y que hablas con sencillez, sin artificios. Sin embargo, te hablaré con franqueza: me inspiras esperanza, pero aún no plena confianza. Sé igual de exigente contigo, no te concedas crédito antes de tiempo. Examínate con rigor y, sobre todo, pregúntate si progresas en tu filosofía o en la vida misma.

Porque la filosofía no es un adorno para ganar aplausos ni un pasatiempo, no se mide por las palabras, sino por los actos. No está hecha para entretener, sino para formar el alma, ordenar la vida y dirigir nuestras acciones. Enseña qué debe hacerse y qué debe evitarse; es el timón que mantiene el rumbo entre los escollos. Sin filosofía, nadie vive libre de temores ni con plena seguridad, pues a cada hora surgen mil situaciones que reclaman su guía.

Tal vez alguien objete: «¿De qué me sirve filosofar si todo está decidido por el destino? ¿Qué gano con ello si es Dios quien gobierna el universo? ¿En qué me ayuda si nuestra vida depende del azar?». Sea cual sea la respuesta —ya nos encadenen los hados, ya sea Dios quien disponga las cosas o el azar quien las arrastre—, la filosofía seguirá siendo nuestro refugio. Ella nos enseña a obedecer al destino con alegría y a resistir a la fortuna con firmeza; a seguir dócilmente al primero y a soportar con entereza a la segunda.

No entraré ahora en esa disputa. Prefiero insistir en mi exhortación: que tu ardor no se enfríe; mantenlo vivo hasta que el impulso se transforme en hábito.

Y sé que, como siempre, esperas el pequeño obsequio de la carta. No te sorprendas de mi generosidad, sigo regalando pensamientos en nombre de otros. ¿Y por qué decir «de otros»? Porque todo lo bien dicho pertenece a todos.

He aquí, pues, una sentencia de Epicuro: «Si vives según la naturaleza, nunca serás pobre; si vives según la opinión de los demás, nunca serás rico».

La naturaleza pide poco; la opinión no conoce límites. Imagina que acumulas las riquezas de muchos hombres, que la fortuna te sitúa muy por encima de la medida común, que te cubre de oro, de mármol y de púrpura: solo aprenderás a desear más todavía. Los deseos naturales tienen un límite; los que nacen de la vanidad o de la falsa opinión son infinitos, porque lo falso no tiene fin.

Si sigues un camino llegas a tu destino; en cambio, si vagas extraviado no llegas a ningún fin. Aléjate, pues, de los placeres superfluos. Y cuando quieras saber si lo que persigues nace de la naturaleza o de la codicia, pregúntate si se dirige a algún punto en el que se pueda parar. Si, por mucho que obtengas, surge en ti un nuevo deseo y ese punto queda aún más lejos, comprende que no es natural.

Cuídate.

Carta 20

SOBRE LA INCONSTANCIA HUMANA
Y LA COHERENCIA DE VIDA

Me alegra saber que estás bien y que comienzas a considerarte digno de llegar a ser dueño de ti mismo. Me sentiré honrado si logro ayudarte a encontrar tu rumbo. Pero, querido Lucilio, te ruego que lleves la filosofía hasta lo más hondo y muestres tu progreso no con palabras ni con escritos, sino con la firmeza del ánimo y la moderación de los deseos. Que tus palabras se confirmen con tus actos.

Los declamadores solo buscan aplausos; otros se contentan con entretener a jóvenes ociosos con discursos tan brillantes como vacíos. La filosofía, en cambio, no adorna las palabras, enseña a vivir. Exige que la vida sea coherente con la enseñanza, que lo que se dice y lo que se hace mantengan el mismo tono. La mayor prueba de sabiduría es la concordancia entre pensamiento, palabra y acción. ¿Quién alcanza algo así? Muy pocos, pero algunos lo logran. Y no digo que el sabio avance siempre al mismo ritmo, sino que nunca abandona el camino.

Obsérvate a ti mismo: ¿Hay coherencia entre tu modo de vestir y tu forma de vivir? ¿Eres generoso contigo y mezquino con los tuyos? ¿Austero en el comer y derrochador en los lujos? Debes tener un principio rector claro y aplicarlo a todos los aspectos de la vida. La inconstancia surge porque nadie se mantiene firme en lo que se propone: una y otra vez volvemos a lo que ya habíamos rechazado.

Podría resumirse así: la sabiduría consiste en la coherencia y la constancia en los principios, en querer siempre lo mismo y rechazar siempre lo mismo. Y como lo único que agrada de verdad y para siempre es el bien, solo en el camino recto puede haber una constancia auténtica.

Los hombres no saben lo que quieren más allá del instante en que lo desean. Cambian de parecer cada día y convierten su vida en un juego. Tú, en cambio, persevera en el camino que has iniciado. Tal vez alcances la cima; y si no, al menos llegarás a un lugar donde reconocerás tu propio avance.

Me dirás: «¿Y qué será de mi familia si pierdo el patrimonio?». Si llega ese momento, al dejar de depender de ti, aprenderán a valerse por sí mismos. Y la pobreza, que desnuda las apariencias, mostrará quién te ama de verdad. Ya solo por eso, por revelarnos quién son los amigos sinceros, ¿no es valiosa la pobreza?

Orienta tu ánimo hacia la autosuficiencia que nace de ti mismo. Limítate a lo esencial, a esas pocas cosas invulnerables que nadie puede arrebatarte. Para animarte, vuelvo a citar a Epicuro: «Créeme, tus palabras me parecerán mucho más convincentes si las dices desde un jergón y entre andrajos, porque entonces no solo se dicen, se demuestran».

Yo mismo escucho de otro modo a Demetrio cuando lo veo desnudo y tendido sobre un jergón miserable: entonces no enseña la verdad con palabras, sino con su ejemplo.

También hay grandeza en quien rodeado de riquezas no se deja corromper y conserva un espíritu

pobre; en quien se ríe al oír que sus bienes «le pertenecen», porque no los siente como propios. Pero no
sé si ese hombre rico soportaría la verdadera pobreza, ni si el pobre orgulloso despreciaría las riquezas si un día las recibiera. En la abundancia o en la
escasez, lo que importa es la actitud: el jergón y los
harapos solo tienen valor cuando se eligen libremente, no cuando los impone la necesidad.

Lo propio de un espíritu noble no es lanzarse a la
pobreza como si fuera un bien en sí mismo, sino
estar dispuesto a aceptarla sin miedo cuando llegue.
Y créeme, Lucilio: si te habitúas a la pobreza, incluso
puede volverse amable, porque en ella se encuentra
esa seguridad sin la cual nada resulta verdaderamente placentero.

Por eso conviene —como ya te aconsejé— dedicar algunos días a ejercitarte en la pobreza, para sacudir el letargo del alma y recordarle que la naturaleza
exige muy poco. Nadie nace rico: llegamos al mundo
con lo mínimo, leche y pañales. Y, sin embargo, tras
ese comienzo humilde, pronto hasta un reino nos
parece insuficiente.

Cuídate.

Carta 21

SOBRE LAS PREOCUPACIONES EXTERNAS
Y LA PAZ INTERIOR

¿Crees que tus dificultades provienen de esas personas de las que me hablas? No, Lucilio, tu mayor

dificultad no está fuera, está dentro de ti. Eres tú mismo quien se atormenta. No sabes lo que quieres; admiras el camino recto más de lo que lo sigues; ves dónde está la felicidad, pero no te atreves a avanzar hacia ella.

Te diré qué te frena, aunque tal vez no lo adviertas: sigues considerando grandiosa y gloriosa esa vida pública de la que piensas retirarte. Por eso, cuando imaginas la tranquilidad de una vida interior, todavía te atrae el brillo de lo que dejas atrás, como si pasar a la quietud fuera hundirte en la oscuridad.

Te equivocas, querido Lucilio. Pasar de una vida a otra es, en realidad, un ascenso. Piensa en la diferencia entre el oropel y la luz. El oropel brilla con fulgor ajeno; la luz, con su propia esencia. Así ocurre con ambas vidas: la primera resplandece con brillo prestado —basta que alguien se interponga para que quede en la sombra—, mientras que la otra brilla por sí misma. Tus estudios serán los que te den verdadera gloria y renombre.

Permíteme un ejemplo tomado de Epicuro. En las cartas que escribió a Idomeneo, le exhortaba a que abandonara una vida deslumbrante, para alcanzar una gloria más firme y duradera —pues Idomeneo era ministro de un rey y manejaba grandes asuntos—. En una de ellas le decía: «Si lo que te mueve es la gloria, mis cartas y mis consejos te harán más célebre que todos esos cargos que tanto estimas y por los que eres estimado».

¿Acaso mintió? ¿Quién recordaría hoy a Idomeneo si Epicuro no lo hubiera incluido en sus cartas?

El olvido ha sepultado a magnates, sátrapas e incluso al propio rey de quien dependía su cargo.

Lo mismo ocurrió con Ático. No fue la fortuna quien preservó su nombre —de nada le habría servido tener a Agripa por yerno, a Tiberio por esposo de su nieta y a Druso César por bisnieto—, sino las cartas de Cicerón, que impidieron que su memoria se perdiera entre títulos mayores.

El tiempo borra nuestras huellas, y solo unos pocos espíritus resisten un trecho antes de caer también en el olvido. Yo te prometo, Lucilio, lo mismo que Epicuro a su amigo: ejerceré fuerza sobre la posteridad y haré que ciertos nombres perduren conmigo. Así como Virgilio cumplió su promesa de inmortalidad a dos jóvenes: «¡Dichosa pareja! Mientras mis cantos tengan poder, ningún día os borrará del recuerdo de los hombres, mientras la casa de Eneas permanezca sobre el Capitolio y gobierne el gran padre de Roma».

Quienes deben su grandeza al favor de la fortuna tienen casas llenas mientras dura su brillo, pero cuando este se apaga, pronto caen en el olvido. En cambio, el respeto hacia las almas ilustres crece con el tiempo: no solo se honra su persona, también todo lo que quedó unido a su memoria.

Y ya que mencioné a Idomeneo, dejaré que él mismo pague su aparición con la sentencia que Epicuro le transmitió para hacer verdaderamente rico a Pítocles: «Si quieres hacerlo rico, no aumentes su fortuna, reduce sus deseos».

Esta máxima no requiere explicación. Solo añadiré que no se limita al dinero. Aplícala a todo, y

conservará su fuerza. Si quieres hacer virtuoso a Pítocles, no le concedas más honores, réstale deseos. Si
quieres que viva en placer continuo, no le multipliques
los placeres, réstale deseos. Si quieres que alcance una
vejez plena, no le alargues los años, réstale deseos.

Estas frases no son patrimonio exclusivo de
Epicuro, pertenecen al acervo común. En filosofía
conviene proceder como en el Senado: si una propuesta me agrada solo en parte, la separo y apruebo
lo que considero verdadero. Por eso me gusta citar
sentencias de Epicuro, para que quienes lo invocan
como excusa de sus vicios comprendan que, dondequiera que vayas, la rectitud sigue siendo necesaria.

Al entrar en el pequeño jardín de Epicuro se lee:
«Forastero, aquí estarás bien, el placer es el bien supremo». Y el propio Epicuro, como un anfitrión
hospitalario, te recibe con una ración de harina de
cebada y agua abundante, diciéndote: «¿Has sido
bien acogido? Este jardín no enciende el hambre, la
calma; no aviva la sed, la apaga con remedios sencillos y naturales. En este placer he envejecido».

Con esta imagen quiero mostrarte que el verdadero placer no reside en la abundancia, sino en lo
necesario. Hay deseos naturales y necesarios que
solo cesan al ser satisfechos; los demás, los superfluos, pueden aplazarse o dominarse. Recuerda,
por tanto, que el placer es natural, pero no imprescindible. Nada le debes; y si lo concedes, que sea por
elección.

Incluso el estómago —ese que no razona y pide
lo suyo— no es un acreedor implacable: se contenta

con poco, con lo que le corresponde, no con todo lo que puedas darle.

Cuídate.

Carta 24

SOBRE EL TEMOR, LA MUERTE Y EL VALOR
DE LA SERENIDAD

Me escribes inquieto por el pleito que tu adversario ha lanzado como una sombra sobre tu puerta. Esperas que te consuele con dulces esperanzas y te tranquilice con la posibilidad de un fallo favorable. «¿Para qué convocar males por anticipado y arruinar el presente con el miedo al mañana?», dices. Tienes razón: es necio ser desgraciado hoy por lo que quizá ocurra mañana. Pero no quiero librarte de esa ansiedad con palabras suaves, te propongo un remedio más firme y duradero.

Si de verdad quieres arrancar de raíz tu inquietud, imagina que sucede aquello que temes. Examina el daño con calma y mide su alcance real. Descubrirás que lo temido es o bien pequeño, o bien breve, y que la angustia añadida por tu imaginación era mayor que el propio mal. No necesito darte ejemplos, porque en todas las épocas abundan almas que midieron el peligro y lo superaron. Basta con mirar atrás —al pasado o al presente— y encontrarás hombres a quienes las desgracias no pudieron doblegar.

¿Piensas que lo peor que puede sucederte es una condena? ¿Que nada hay más duro que el destierro o la cárcel? ¿Que el fuego o la muerte son los males más temibles? Haz una lista de cada temor y, al lado, coloca el nombre de quienes lo afrontaron con valor, no son casos raros en la historia.

Rutilio soportó su condena como quien apenas lamenta la torpeza del juez; Metelo afrontó el destierro con entereza, y el mismo Rutilio lo sobrellevó incluso con alegría. Uno regresó al servicio del Estado; el otro mantuvo su dignidad ante Sila, sin aceptar favores indignos. Sócrates, en prisión, seguía conversando serenamente y rechazó la fuga que le ofrecían sus amigos: quiso enseñar a la humanidad que ni la cárcel ni la muerte son temibles, sino la manera en que las afrontamos.

Piensa también en Mucio Escévola: para demostrar la entereza de los romanos, puso su mano en el fuego ante sus enemigos. Quemarse es doloroso, y más aún cuando uno mismo lo provoca. Sin haber aprendido filosofía, solo con su propia disciplina, fue capaz de imponerse el castigo y mirar cómo la carne se consumía sin apartar la mano. ¿No prueba esto que la fortaleza nace de la firmeza del alma? Porsena estuvo dispuesto a perdonarlo, pero la mayor victoria fue la que Mucio obtuvo sobre sí mismo.

Dirás: «Eso son leyendas de escuela; ahora me hablarás de Catón». ¿Y por qué no? ¿Acaso hay ejemplo más puro? En su última noche leyó a Platón con la espada a su lado —tenía preparadas tanto la resolución como el medio—, y lo dispuso todo de manera para que nadie pudiera matarlo ni salvarlo. Cuando comprendió que la República estaba perdida, alzando la espada que había conservado sin mancha, se abrió una herida mortal. Los médicos la cerraron cuanto pudieron, pero Catón, indignado —no tanto con César como consigo mismo por su debilidad—, reabrió la herida y venció a la vida. No te cuento esto para asombrarte, quiero mostrarte que la entereza puede llegar incluso donde la fortuna no ofrece salida.

Y no te cito solo a los grandes espíritus. Algunos, menos ilustres, igualaron a los héroes en la prueba suprema. Recuerda a Escipión, suegro de Pompeyo: atrapado por vientos adversos y creyendo su nave perdida en manos enemigas, se atravesó con la espada. Cuando sus soldados preguntaron por el general, alcanzó a decir: «El general está bien». Con esas palabras sostuvo la gloria de su estirpe. Vencer a Cartago fue grande, pero mayor aún fue vencer a la muerte y afrontarla con dignidad.

No te relato estas historias para excitar tu imaginación, sino para fortalecer tu ánimo. Escucha las amenazas de tu adversario sin angustia: si tu conciencia está limpia, confía en la justicia; y, ante lo incierto, prepárate también para la injusticia. Pero, ante todo, aclara los hechos, ya que muchas veces tememos solo al miedo. Somos como niños que se asustan de una máscara, aunque la sostenga una mano amiga. Quitemos la máscara a las cosas y devolvámosles su verdadero rostro.

«¿Me enseñas espadas, hogueras, potros y toda esa maquinaria de tortura?», dirás. De acuerdo, deja de lado esos instrumentos que espantan a simple vista y pensemos en lo esencial, en la muerte. No es tan terrible cuando la miras sin adornos. Solo es dolor, y el dolor lo soportan quienes padecen gota, los enfermos del estómago o las parturientas. Si podemos resistirlo, no es grave; si no podemos, no durará mucho. Y si la muerte finalmente nos consume, borrará también cualquier sensación: lo que queda ya no nos afecta.

No soy tan ingenuo como para repetir sin matices el argumento de los epicúreos y negar toda posibilidad de tormento tras la muerte. Pero no temo a Cérbero ni a los espectros, ni creo en ruedas que giran eternamente ni en castigos sin fin. La muerte, en cualquier caso, o nos destruye o nos libera: si nos libera, quedará lo mejor —el alma libre de la carga del cuerpo—; si nos destruye, no quedará nada. Ambas suertes pueden parecer terribles al que vive sin rectitud; pero para quien ha vivido bien, ninguna es una pérdida.

Recurro a tus propios versos —que escribiste también para ti—: no caemos de golpe en la muerte, nos acompaña durante toda la vida. Morimos día a día; se nos van la infancia, la niñez, la juventud. Lo que quedó atrás hasta ayer ya es muerte. Incluso ahora, la muerte avanza con cada instante que se nos escapa. Así como la clepsidra no se vacía de golpe, sino gota a gota, la última hora es solo el final de un proceso continuo. Tú mismo dijiste con acierto que el hombre teme la última muerte, olvidando que ha ido muriendo cada día.

Para concluir, escucha esta advertencia de Epicuro: «Es absurdo correr hacia la muerte por hastío de la vida, cuando ha sido tu propio modo de vivir lo que te ha llevado a desear morir».

Fortalécete, pues, para ambas suertes: para vivir sin apego y para morir sin temor. El sabio no huye de la vida, la abandona cuando llega la hora. Evita, sobre todo, la insensata pasión de desear la muerte sin motivo: el ánimo humano se deja arrastrar, unas veces hacia una audacia sin causa, otras hacia un desaliento sin razón.

Vive de modo que, llegado el final, puedas decir que has vivido. No malgastes tu tiempo en temores: la serenidad no se compra, se cultiva.

Cuídate.

Carta 26

SOBRE LA VEJEZ QUE NOS TRENZA CON LA MUERTE

Hace poco te decía que veía asomar la vejez a mis puertas, ahora temo haberla dejado atrás. A esta edad —o más bien, en este estado del cuerpo— convendría buscarle otro nombre: llamamos «vejez» a la edad fatigada, no a la ya abatida. Ponme, pues, entre los decrépitos, entre quienes tocan a su fin. Y, sin embargo, me doy gracias a mí mismo —y que sirva esto de testimonio—: mi espíritu no ha menguado, aunque mi cuerpo sí lo haya hecho. En mí han envejecido los vicios y los hábitos que los alimentaban; el ánimo, en cambio, florece, y se alegra de tener cada vez menos que ver con la carne, pues ha descargado gran parte de su lastre. Mi espíritu me

reprocha esta supuesta senectud y me asegura que
este es su mejor momento. Creámosle y disfrutemos
del don que nos concede.

Me pregunto qué parte de esta serenidad y moderación debo a la sabiduría y qué al paso de los años.
Aprendo a distinguir entre lo que ya no puedo hacer y
lo que no quiero hacer, aunque a veces me engaño creyendo que he renunciado a lo que, en realidad, me alegra que la edad me haya quitado. ¿Qué motivo de queja
puede haber, qué desazón, si aquello que debía consumirse se extingue poco a poco de forma natural?

Dirás: «Es una gran pena ir apagándose lentamente; no es digno marchitarse paso a paso. No nos
tumban de golpe, sino que día a día nos roban fuerzas». ¿Y acaso hay mejor final que desvanecerse con
suavidad, a medida que la naturaleza nos suelta la
mano? No digo que la muerte repentina sea un mal,
pero el tránsito lento —como un hilo que se des-
hila— es más benigno y menos violento.

Mientras aguardo la prueba definitiva —ese día
en que la vida emitirá su veredicto sobre todos mis
años— me examino y me digo: «Hasta ahora, lo que
mostramos con palabras o con hechos no ha sido
más que apariencia: discursos altisonantes, gestos
aplaudidos, máscaras del alma. Será la muerte quien
ponga la última calificación. Me preparo sin titubeos para su juicio: que determine si hablé con valentía o si fingí, si mis desafíos a la fortuna fueron
verdad o puro teatro».

Te aconsejo que olvides la opinión de los hombres —siempre vacilante y dividida— y también la

multitud de ocupaciones que llenaron tu vida. No contarán en la balanza final, la muerte hará el recuento verdadero. Esta es mi conclusión: ni las largas discusiones, ni las sentencias de los sabios, ni la elocuencia prueban la fortaleza del ánimo. Muchos son valientes de palabra y cobardes en lo profundo. El verdadero juicio llegará cuando el alma parta. Yo acepto ese examen y no temo su veredicto.

Lo que me digo a mí mismo, considéralo también dicho para ti. Eres más joven, ¿y qué importa? La muerte no cuenta los años. No sabemos dónde nos aguarda, y por eso debemos esperarla en todas partes.

Iba ya a cerrar la carta, pero la costumbre me empuja a añadir el tributo habitual, y hoy se lo tomaremos a Epicuro. Dijo con lucidez: «Medita sobre la muerte». O, dicho con mayor claridad: «Aprende a morir».

Quizá parezca extraño ensayar para algo que solo va a suceder una vez, pero precisamente por eso debemos ejercitarnos en ello, pues conviene estar preparados antes de la prueba final.

Meditar sobre la muerte significa, en realidad, ejercitar la libertad. Quien aprende a morir desaprende a servir: se sitúa por encima del poder, o al menos fuera de su alcance. ¿Qué importan la prisión, los guardianes o las puertas cerradas para quien ya ha hecho suya la muerte? Siempre tendrá abierta una salida.

Solo una cadena nos ata de verdad: el apego a la vida. No debemos odiarla —pues sería insensato aborrecer lo que la naturaleza nos dio—, pero sí moderar ese apego, de modo que, llegado el momento, nada nos retenga ni nos impida aceptar con serenidad lo que ha de suceder.

Admite, pues, este ejercicio: medita sobre que la muerte no apaga la vida, la libera. La vejez deja en el cuerpo arrugas y fragilidad; en el alma, puede dejar calma, sabiduría y esa serenidad que convierte la última etapa en la mejor de todas.

Cuídate.

Carta 27

SOBRE EL TRABAJO DIARIO QUE EXIGE LA SABIDURÍA

«¿Tú me das consejos?», dirás. «¿Ya te has corregido a ti mismo como para enmendar a los demás?».

No soy tan arrogante como para creerme curado mientras sigo enfermo. Pero, hospedado en el mismo sanatorio que tú, hablo contigo de nuestra dolencia común y comparto los remedios que pueden servirnos a ambos. Escúchame, pues, como si me hablara a mí mismo, expongo mis faltas y rindo cuentas ante tu presencia.

Me repito con insistencia: «Cuenta tus años y avergüénzate de seguir deseando lo mismo que deseabas en la niñez, de abrigar idénticos proyectos». Hazte este favor: deja que mueran tus vicios antes que tú.

Abandona los placeres turbios, de sabor amargo. Dañan no solo en la espera, sino también después de haberse consumado. Así como pesa un crimen oculto, pesan las culpas del placer. Son inconstantes, fugaces y nunca dan seguridad.

Busca, en cambio, un bien que permanezca. Solo la virtud proporciona un gozo firme y duradero. Y aunque surjan obstáculos, serán como nubes pasajeras que no logran oscurecer el cielo.

«¿Y cuándo alcanzaremos ese gozo verdadero?», preguntas. No conviene demorarlo: cuanto antes empieces, antes lo hallarás. Queda mucho trabajo por hacer, y debemos afrontarlo con empeño y esfuerzo, pues la tarea de perfeccionarse no admite delegados.

En otros asuntos sí puede ayudarnos otro. Pero en el camino de la sabiduría, cada uno ha de esforzarse por sí mismo. Recuerdo a Calvisio Sabino, hombre riquísimo y de espíritu servil. Nunca vi a nadie menos digno de su fortuna. Su memoria era tan pobre que no retenía ni los nombres de Ulises, Aquiles o Príamo, tan conocidos como los de nuestros maestros. Y, sin embargo, deseaba parecer instruido.

Ideó entonces un atajo ridículo: gastó enormes sumas comprando esclavos especializados. Uno en Homero, otro en Hesíodo, otros en cada uno de los nueve poetas líricos. Como no los halló ya formados, pagó para que los educaran. Pensaba así nutrirse de sabiduría por tenerla cerca, pero seguía tan vacío como antes. En los banquetes, rodeado de su corte de eruditos, solía incomodar a los invitados pidiendo a sus esclavos que recitaran versos, mientras él permanecía mudo, incapaz de continuar. Satellio Quadrato, adulador y bufón de los ricos necios, se burlaba de él diciéndole que contratara también a gramáticos que recogieran las sobras de aquellos. Cuando Sabino replicaba que cada esclavo le había costado cien mil sestercios, Satellio respondía con mordacidad: «Con ese dinero habrías comprado bibliotecas enteras».

Pero Sabino se engañaba creyendo que poseía cuanto poseían sus esclavos. Y Satellio aún lo ridiculizaba más cuando, viendo su cuerpo débil y enfermizo, le aconsejaba ejercitarse en la lucha. «¿Cómo hacerlo —objetaba Sabino— si apenas sostengo la vida?». «No digas eso —replicaba Satellio—; ¿no ves cuántos esclavos robustos tienes?».

La cordura no se presta ni se compra. Y si pudiera venderse, no hallaría comprador. La insensatez, en cambio, se compra a diario y a un precio elevado.

Pero basta ya. Recibe, como siempre, el tributo con que cierro mis cartas. Epicuro dijo: «La pobreza que se ajusta a la ley de la naturaleza es riqueza».

Lo repite de muchas formas, y con razón: nunca se repite bastante lo que nunca se aprende. A algunos basta con mostrarles el remedio, a otros hay que imponérselo con firmeza.

Cuídate.

Carta 28

SOBRE LA INUTILIDAD DE LOS VIAJES PARA CURAR EL ALMA

¿Crees que solo te pasa a ti —y te asombra como si fuera raro— que, después de tantos recorridos y paisajes, sigas igual de triste, con las mismas sombras en el alma? No necesitas otro puerto, necesitas otro ánimo. Podrás cruzar mares y, como escribió Virgilio, ver alejarse tierras y ciudades, pero tus vicios viajarán contigo.

A un hombre que se quejaba de lo mismo, Sócrates le dijo: «¿De qué te sirve viajar si te llevas siempre a ti mismo? La misma causa que ahora te oprime fue la que te expulsó de casa». ¿Qué remedio te dará la novedad de ciudades y montes si el mal está dentro? La huida no alivia, porque huyes contigo. Descarga primero el peso del espíritu; mientras no lo hagas, ningún lugar bastará.

Piensa en la profetisa que Virgilio describe agitada y espoleada, se agita para expeler de su pecho al gran dios. Así vas tú, de un lado a otro, queriendo sacudir una carga que tu agitación solo hace más pesada. Como en la nave: la estiba es llevadera si está quieta; si rueda, escora y zozobra el barco. Del mismo modo, tu inquietud te daña, pues zarandeas al enfermo cuando deberías dejarlo en reposo.

Cuando el alma sana, cualquier lugar resulta grato. Incluso en los confines hallarás hospedaje. Ahora no viajas; vagas. Cambias de escenario sin descanso cuando lo que buscas —vivir bien— está en todas partes. ¿Hay algo más bullicioso que el foro? Y, sin embargo, también allí puede vivirse en calma si es necesario. Pero, si puedo elegir, me aparto. Como los lugares malsanos atacan la más firme salud del cuerpo, hay lugares que perjudican al alma aún convaleciente.

No comparto el empeño de quienes se arrojan al oleaje por gusto, prendados de la vida tumultuosa, y

luchan a diario con toda clase de dificultades. El sabio
soportará esas pruebas, pero no las elegirá, prefiere la
paz al combate. De poco sirve expulsar tus propios
vicios si has de pelear sin pausa con los ajenos.
«Treinta tiranos», dirás, «cercaron a Sócrates, y no lo
doblegaron». ¿Qué importa cuántos amos haya? La
esclavitud es una; quien la desprecia, es libre.

Y ahora, pagado el peaje del puerto, te dejo mi
tributo. Dice Epicuro: «El reconocimiento de la
falta es el comienzo de la curación». Quien ignora
que yerra no desea enmienda. Examínate cuanto
puedas: primero como acusador, después como juez
y, por último, como defensor. Tarde o temprano de-
berás comparecer ante ti mismo.

Cuídate.

Carta 31

SOBRE LA DEFINICIÓN DEL BIEN

Reconozco, mi querido Lucilio, que empiezas a
mostrarte como lo que prometías. Persevera en ese
impulso del ánimo con el que supiste despreciar los
placeres vulgares en busca de los bienes superiores.
No te pido que seas más grande de lo que aspirabas
a ser. Simplemente, basta con que cumplas con lo
que te has propuesto y permanezcas firme en ello.

Serás sabio si aprendes a cerrar los oídos al ruido
del mundo. No basta con la cera que usó Ulises, necesitamos un tapón más fuerte contra las voces que nos
rodean. Ensordece no solo ante las voces seductoras,

sino también ante las de quienes, con buena intención, suelen desearte riquezas y honores que en realidad son desgracias. Si quieres ser feliz, pide a los dioses que ninguno de esos falsos «buenos deseos» llegue a cumplirse.

Los bienes que la mayoría persigue no son verdaderos bienes. Solo hay uno que sostiene la vida feliz: la confianza en uno mismo. Para alcanzarlo es necesario aprender a considerar el trabajo y el esfuerzo como cosas indiferentes, ni buenas ni malas en sí mismas. Lo importante no es huir de la fatiga, es afrontarla y superarla con firmeza. Por eso admiro a quienes, empeñados en empresas nobles, perseveran sin dejarse seducir ni doblegar. El esfuerzo, lejos de ser un mal, es la forja de los espíritus generosos.

Vergonzoso sería que un hombre maduro siga importunando a los dioses con súplicas infantiles. Hazte feliz por ti mismo. ¿Cómo? Comprendiendo que son buenos aquellos actos que nacen de la virtud y malos los que provienen del vicio. ¿Qué es, entonces, el bien? Conocer la vida y vivirla con sabiduría. ¿Y el mal? Ignorarla y errar en ella.

El sabio sabe elegir y rechazar lo que le conviene, sin temer lo que evita ni admirar lo que recibe. De este modo, su espíritu permanece firme e invencible. No basta con soportar las dificultades; hay que asumirlas con una disposición positiva, porque el esfuerzo ennoblece. El hombre magnánimo se dice a sí mismo: «¿Por qué te detienes? No temas sudar; el trabajo forma parte de una vida digna».

La verdadera virtud tiene que ser constante y uniforme a lo largo de toda la vida, y eso solo se alcanza con el conocimiento profundo de lo humano y lo divino. Este es el auténtico bien supremo. Quien lo logra, se convierte en compañero de los dioses, y no en su mendigo.

¿Quieres saber cómo alcanzar ese bien supremo? No hace falta cruzar montes ni mares. Incluso con tu modesto cargo de administrador ya afrontaste peligros comparables a los de Escila y Caribdis. El verdadero camino, el que conduce a una vida sabia y virtuosa, es seguro y sereno. La naturaleza te ha dado las cualidades necesarias para recorrerlo, siempre que no las traiciones.

Ni la riqueza, ni la toga de magistrado, ni la fama, ni la multitud de sirvientes te harán semejante a los dioses. Ellos nada poseen, nada necesitan y todo lo llevan en sí mismos. Tampoco la belleza ni la fuerza te acercan a lo divino, porque ambas se marchitan con el paso del tiempo.

Busca lo único verdaderamente valioso y duradero: un espíritu recto, noble y grande. Eso es lo que hay de divino en el ser humano, y puede hallarse lo mismo en un caballero romano que en un liberto o en un sirviente. Pues esos nombres no son más que invenciones de la ambición y la injusticia. Desde cualquier condición se puede ascender a lo más alto.

Levántate, pues, y hazte digno de lo divino. Recuerda además que, cuando los dioses eran más favorables a los hombres, se los representaba en barro, no en oro ni en plata. Lo sagrado no está en lo ostentoso, sino en lo puro y sencillo.

Cuídate.

Carta 36

SOBRE LA QUIETUD, LA CRÍTICA AJENA Y EL DESPRECIO A LA MUERTE

Anima a tu amigo a desoír con firmeza a quienes lo critican por buscar la sombra y el reposo, por renunciar a su rango y preferir el retiro aun pudiendo ascender más. Que responda, día tras día, mostrando con hechos lo acertado de haber cuidado de sí mismo. Los hombres hoy admirados se irán sucediendo, unos caerán de golpe, otros se desmoronarán poco a poco. La prosperidad no trae calma, sino desasosiego: a unos los arrastra hacia la ambición desmedida, a otros los hunde en la complacencia; a unos los llena de arrogancia, a otros los debilita. ¿Que algunos saben sobrellevarla? Sí, pero del mismo modo que hay quienes toleran el vino, aunque a la mayoría los embriaga.

No creas que es feliz quien vive rodeado de multitudes: ellas se abalanzan sobre él como sobre un estanque, agotando y enturbiando sus aguas. Si llaman a tu amigo «perezoso» o «inútil», recuerda que muchos dicen lo contrario de lo que piensan. Ayer lo llamaban «triunfador»; ¿pero realmente lo era? No importa que lo acusen de serio o poco sociable. Como decía Aristo, es preferible un joven austero que uno excesivamente complaciente: el vino áspero se ennoblece con el tiempo, mientras que el que resulta agradable de inmediato rara vez perdura.

Que lo llamen hosco si quieren, pues esa seriedad dará fruto en la vejez, siempre que persevere en la virtud y en estudios que transformen su espíritu, no en saberes superficiales. Ahora es el momento de aprender. En realidad, siempre lo es, pero no conviene empezar desde cero a cada edad. Ridículo es ver a un anciano en tareas de principiante: el joven debe formarse, y el viejo, aplicar lo aprendido.

Conducir a tu amigo hacia la excelencia moral es un bien que enriquece tanto al guía como al que le sigue. Él ya no puede retroceder, porque se ha comprometido consigo mismo, y es más vergonzoso fallar a la virtud que a un acreedor. El comerciante depende de un viaje afortunado, el agricultor de la fertilidad del campo; quien busca la virtud solo depende de su voluntad. La fortuna nada tiene que ver con el carácter.

Por eso debe gobernar su ánimo con calma y conducirlo hacia la perfección, sin agitarse por lo que gana ni por lo que pierde, permaneciendo igual ante los cambios. Si la fortuna lo favorece, que sepa elevarse por encima de ella; si lo despoja de algo o de todo, que no se considere empobrecido.

Cada pueblo entrena a los suyos en lo que cree esencial: en Partia enseñan a tensar el arco, en Germania a blandir la lanza, en otros tiempos a cabalgar y combatir. Nosotros, en cambio, debemos ejercitarnos en lo único que nos libra de todo miedo: en aprender a despreciar la muerte.

Tememos a la muerte porque amamos la vida. Por eso necesitamos entrenarnos contra ese temor, igual que aprendemos a soportar el dolor o a resistir la vigilia. En realidad, la muerte no trae sufrimiento, porque ya no queda nadie que pueda sentirlo.

¿De verdad ansías tanto alargar la vida? Recuerda que nada se destruye, solo se transforma. La muerte interrumpe, no arrebata. El ciclo lo enseña: el verano se va y regresa, el invierno declina y vuelve, la noche cubre el sol y el día devuelve la luz, las estrellas desaparecen aquí para reaparecer allá. Nada se extingue: todo se renueva.

Y termino con esta idea: ni los niños ni los ignorantes temen a la muerte. Sería, pues, vergonzoso que la razón no nos diera la misma serenidad que la inocencia.

Cuídate.

Carta 41

SOBRE EL ORIGEN DIVINO DE LA RAZÓN EN EL SER HUMANO

Obras bien, Lucilio, si perseveras en buscar la serenidad interior; sería necio pedir a los dioses lo que uno mismo puede suministrarse. No es necesario alzar las manos al cielo ni suplicar a los templos: lo divino no está lejos, sino dentro de cada uno de nosotros.

En nuestro interior habita un espíritu sagrado, guardián y testigo de nuestras acciones, que nos trata según lo tratamos. Ningún hombre verdaderamente bueno carece de esa fuerza interior: ¿cómo podría alguien elevarse por encima de la fortuna sin su ayuda? Ese «dios interior» —llámalo como quieras— inspira propósitos nobles y sostiene el alma recta, aunque ignoremos su nombre.

Piénsalo: cuando entramos en un bosque antiguo, donde los árboles se alzan más allá de lo común y sus copas se entrelazan ocultando el cielo, sentimos la presencia de algo sagrado. Lo mismo ocurre ante una gruta abierta en la roca, un manantial repentino, un lago profundo o unas aguas termales que brotan del interior de la Tierra: su grandeza o su misterio despiertan reverencia y nos recuerdan que lo divino también habita en el espíritu humano.

Del mismo modo, si ves a un hombre que no se intimida ante el peligro, que es sobrio en sus deseos y sereno en la adversidad, que mira a hombres y dioses desde lo alto, ¿no lo venerarás como a un ser superior? Y con razón, porque en ese cuerpo frágil late algo más grande: una fuerza celeste que anima su espíritu y se ríe de lo que los demás temen o codician. Nada tan grande se sostiene sin apoyo divino, ya que gran parte de ese espíritu permanece unida al cielo, de donde procede.

Así como los rayos del sol alcanzan la tierra sin separarse de su fuente, el alma excelsa vive entre nosotros, pero sigue unida a su origen y hacia él tiende. Ese espíritu brilla por su propia luz, y nada hay más insensato que admirar en un hombre lo que no le pertenece: esclavos, riquezas, tierras, honores. Todo eso lo rodea, pero no es suyo. La verdadera alabanza corresponde solo a lo que nadie puede dar ni quitar: el espíritu, la razón perfeccionada.

Alabamos la vid por sus frutos, no por los racimos dorados que la decoran. De igual modo, la virtud del hombre no consiste en adornos ajenos, sino en dar fruto de sí mismo. Si el hombre es un ser racional, su bien supremo reside en cumplir el fin para el que nació: vivir conforme a la razón. Y, sin embargo, la locura común lo impide: todos se empujan unos a otros hacia el vicio, y la multitud arrastra allí donde solo unos pocos se atreven a resistir.

Cuídate.

Carta 44

SOBRE LA VERDADERA NOBLEZA

Una vez más te infravaloras, diciendo que la naturaleza primero y luego la fortuna te han tratado con mezquindad. Pero, recuerda, siempre puedes apartarte de la multitud y alcanzar la verdadera grandeza. La filosofía, a diferencia de los honores sociales, no se fija en la genealogía: todos los hombres, si remontamos al origen primero, descienden de los dioses.

Eres caballero romano, y a esa dignidad llegaste por tu propio mérito. No todos pueden alcanzarla. Las catorce gradas del teatro excluyen a muchos, el senado no admite a cualquiera y la milicia solo escoge a unos pocos para someterlos a fatiga y riesgo. La sabiduría, en cambio, está abierta a todos; ante ella, todos somos nobles. La filosofía no rechaza ni selecciona a nadie, brilla para todos.

Mira a los grandes filósofos: ninguno fue noble por nacimiento. Sócrates no fue patricio; Cleantes trabajaba sacando agua y alquilaba sus brazos para regar un huerto; Platón no heredó nobleza, fue la filosofía la que lo ennobleció. ¿Qué razón tienes, entonces, para descartar el poder igualarte a ellos? Todos pueden ser tus antepasados espirituales, siempre que te hagas digno de su ejemplo. Y lo lograrás si te convences, desde ahora, de que nadie te supera en auténtica nobleza.

Cada uno de nosotros lleva tras de sí una cadena inmensa de generaciones, nuestro origen se sitúa más allá del tiempo. Platón afirma que no existe rey alguno que no descienda de esclavos, ni esclavo alguno que no descienda de reyes. La fortuna, con el paso de los siglos, ha mezclado todas las estirpes y ha intercambiado lo alto y lo bajo.

¿Quién es verdaderamente noble? No quien presume de linaje, sino quien tiene disposición natural para la virtud. Solo esto importa. Si retrocedemos lo suficiente, todos venimos de un tiempo en el que nada existía. Desde entonces la humanidad ha atravesado épocas de gloria y de ignominia. Por eso, un atrio lleno de bustos desgastados por el tiempo no nos hace nobles. Ninguno de nuestros antepasados vivió para darnos gloria, ni sus méritos nos pertenecen. Solo el alma nos ennoblece, porque desde cualquier situación puede elevarse por encima de la fortuna.

Imagina que no eres un caballero romano, sino un liberto. Aun así, quizá seas el único verdaderamente libre entre quienes nacieron libres. «¿Y cómo es posible?», preguntas. Lo es si distingues el bien del mal no por el juicio de la multitud, sino por la razón. Lo decisivo no es el origen, es la dirección hacia la que caminas.

Si hay algo que pueda hacer feliz la vida, ha de ser un bien en sí mismo, porque nunca puede transformarse en mal. ¿En qué se equivocan, entonces, los hombres, si todos buscan la felicidad? En que confunden el fin con los medios: la buscan en lo externo y, mientras la persiguen, la pierden.

La esencia de felicidad está en tener una libertad interior firme y una confianza inquebrantable. Pero la mayoría, en lugar de eso, acumula preocupaciones y se sobrecarga en el frágil viaje de la existencia. Cuanto más se apresuran, más se enredan y retroceden, como quienes corren deprisa por un laberinto: su propia velocidad los extravía.

Cuídate.

Carta 47

SOBRE SOBRE EL TRATO HUMANO A QUIENES ESTÁN A NUESTRO SERVICIO

Me alegró saber por tus mensajeros que convives con tus servidores en buena armonía. Es propio de tu carácter y de tu educación. «Son esclavos», dirá alguno. No, son personas. «Son esclavos». No, son compañeros de casa. «Son esclavos». No, son amigos humildes. «Son esclavos». También compañeros de servidumbre, si consideras que la fortuna tiene sobre ellos el mismo poder que sobre nosotros.

Me hacen reír quienes consideran una afrenta sentarse a la mesa con sus criados. ¿De dónde puede nacer tan absurda costumbre, si no del orgullo? El amo, reclinado y harto, devora más de lo que su cuerpo resiste, mientras una fila de sirvientes permanece en pie, callada y hambrienta. Allí, una tos, un estornudo o un leve murmullo se castigan con golpes. Quienes no pueden hablar ante su señor, hablan de él a sus espaldas. En cambio, en los viejos tiempos se les permitía conversar —incluso bromear— en la mesa con su amo, sabían callar en el peligro y ofrecían el cuello por su dueño.

Se repite con insolencia el refrán: «Tantos enemigos como esclavos». Falso. No son enemigos por naturaleza, los hacemos enemigos con nuestro trato. ¿Quieres ver hasta dónde llega nuestra ceguera? Uno limpia nuestras sobras; otro recoge lo que arrojamos; otro sirve los manjares que no probará jamás. Y el amo se ofende si debe compartir con ellos un asiento o una palabra.

He visto con mis propios ojos cómo los papeles se invierten: antiguos dueños esperando humildemente ante las puertas de sus antiguos esclavos, rechazados donde antes mandaban. Así de poco duran los privilegios.

Piensa que a quien llamas «sirviente» nació bajo el mismo cielo que tú, respira el mismo aire, vive y morirá como tú. Tú puedes verlo libre como él puede verte esclavo. Tras la derrota de Varo, muchos nobles acabaron cuidando ganados o sirviendo en las casas de otros. Desprecia ahora a quien ocupa un puesto inferior, sin olvidar que la fortuna podría cambiaros los papeles mañana.

Basta una sola regla: vive con quien está por debajo de ti como quisieras que viviera contigo quien está por encima. Cada vez que recuerdes el poder que tienes sobre alguien, recuerda también cuánto poder puede tener otro sobre ti.

«Pero yo no tengo amo», dices. Eres joven, quizá lo tengas. Nadie está libre de depender de otro: el favor, el dinero, la moda, la opinión… todos pueden esclavizarnos.

Trata a quienes trabajan contigo con humanidad; mejor aún, con cordialidad. Dales palabra, escucha, y cierta participación en la vida común. Nuestros antepasados lo entendieron bien: llamaban *pater familias* al amo, y *familiares* a los esclavos, hasta fijaban un día en que la casa entera funcionaba como una pequeña república, confiando a los criados ciertos cargos domésticos. No te pido que sientes a todos a tu mesa —tampoco lo haces con todos los hombres libres—, sino que no juzgues a los otros por su oficio, sino por sus costumbres y su carácter. A unos siéntalos porque son dignos; a otros, para que lleguen a serlo.

No busques siempre amigos en el foro o en el senado, también puedes hallarlos en casa si sabes mirar. Mucha madera buena se pierde por falta de artesano. Necio es quien, al comprar un caballo, se fija solo en las bridas y no en el animal; igual de necio es quien valora a una persona por su ropa o su rango.

«Es un esclavo». Quizá lo sea en su condición, pero en su alma puede ser libre. «Es un esclavo». ¿Y qué? Muéstrame quién no lo es de algo: unos de la lujuria, otros de la ambición, otros del miedo o la esperanza. Te mostraré a un cónsul esclavo de una anciana caprichosa, a un rico esclavo de su doncella, a un joven noble esclavo de un actor o a un político esclavo de la popularidad. No hay servidumbre más humillante que la voluntaria.

No te dejes arrastrar por los orgullosos que desprecian a quienes trabajan para ellos. Procura ser respetado, no temido. No incito a la subversión, sino a la mutua dignidad. Lo que basta para los dioses —ser venerados y no temidos— debería bastar también para los hombres. Reprende con palabras; los golpes son para las bestias.

A menudo no es la ofensa lo que duele, sino la manera en que reaccionamos ante ella. Así imitamos a los tiranos, que fingen sentirse heridos para tener un pretexto para castigar.

Quien vive con rectitud no necesita defensa: su conciencia lo sostiene. La mala conducta, en cambio, se tambalea siempre y nunca cambia a mejor.

Cuídate.

Carta 48

SOBRE LA AMISTAD VERDADERA
Y LA INUTILIDAD DE LOS SOFISMAS

Responderé con calma a la larga carta que me enviaste durante tu viaje. Para aconsejar bien es preciso retirarse y reflexionar, como tú mismo lo hiciste antes de pedirme consejo. Con mayor razón debo yo tomarme un tiempo para darte una respuesta firme. Además, lo que te conviene a ti me conviene también a mí: si algo fuese bueno solo para uno y no para el otro, no habría verdadera amistad. Pues la amistad hace común la fortuna; en ella no hay prosperidad ni desgracia por separado. Quien quiere vivir felizmente para sí debe vivir también para el prójimo.

Este cuidado por la convivencia humana —ese lazo que une a los hombres entre sí— refuerza aún más el vínculo particular de la amistad. Lo tendrá todo en común con el amigo quien tiene mucho de común con todos los hombres.

No me interesa perder el tiempo en sutilezas escolares sobre cuántos sentidos tiene la palabra *amigo* o cuántas acepciones la palabra *hombre*. Lo que realmente prefiero aprender y enseñar son los deberes hacia el amigo y hacia cualquier hombre. En esto se distingue la sabiduría de la necedad: algunos consideran que cualquier persona merece un trato de amigo; otros, en cambio, ni siquiera tratan como hombre al propio amigo. Hay quienes moldean a sus amigos según su conveniencia, mientras que otros se entregan a ellos sin reservas.

No encuentro ningún sentido en retorcer palabras ni en componer silogismos o sofismas. ¿De veras necesitamos estos juegos de lógica para saber qué buscar y qué evitar? A nuestra edad, me avergüenza perder el tiempo en semejantes puerilidades. «El ratón es una palabra; el ratón roe el queso; luego, la palabra roe el queso». Y aunque alguien no supiera responder a este disparate, ¿qué daño real sufriría? Todo esto no es más que un pasatiempo infantil.

Lo que la filosofía promete al ser humano no es destreza en tales juegos, sino consejo verdadero. Mientras uno muere, otro padece pobreza; a este lo atormenta su riqueza, a aquel su propia prosperidad; unos son perseguidos por los hombres, otros por los dioses… ¿y nosotros, mientras, debemos perdernos en juegos verbales? No es tiempo de distracciones. Ningún espíritu noble sale indemne de entregarse a ellas. La filosofía está llamada a socorrer al náufrago, al cautivo, al enfermo, al condenado.

Esos con quien te entretienes están aterrados: ayúdales, rompiendo las cadenas de su miedo. Muéstrales qué es lo necesario y qué es lo superfluo; qué leyes sencillas fijó la naturaleza, y cómo la vida resulta agradable para quien las sigue, pero amarga para quien confía en la opinión de la multitud. Enséñales cómo estos principios alivian el alma, qué deseos extinguen y qué pasiones frenan. Ojalá los deseos fueran solo inútiles, pero en realidad son dañinos, pues generan sufrimiento y esclavitud.

Por eso me río de quienes creen que para enfrentarse a la fortuna basta con trampas lógicas, sofismas y artificios verbales que ni siquiera dignificarían a un jurista. La filosofía no está para eso, sino para enseñar a mirar con más aprecio el acero que el oro, a despreciar lo que todos ambicionan y temen. Para eso me llamó la filosofía, para elevar al hombre hasta lo divino.

Por lo tanto, querido Lucilio, aléjate cuanto puedas de las trampas de la dialéctica y de los juegos lógicos. La bondad ama la luz y la sencillez. Incluso si nos quedara mucha vida, convendría administrarla con tacañería para lo necesario. ¡Cuánta locura dedicar el poco tiempo que tenemos a lo superfluo!

Cuídate.

Carta 49

SOBRE APROVECHAR LA BREVEDAD DE LA VIDA

Resulta indolente acordarse del amigo solo cuando el lugar lo sugiere; sin embargo, hay sitios que despiertan la memoria de manera natural; no reavivan lo que está muerto, sino lo que estaba dormido. Así la Campania —Nápoles, y sobre todo Pompeya— me ha reavivado la añoranza de tu presencia, Lucilio. Revivo la imagen de aquella despedida, conteniendo a duras penas las lágrimas que asomaban bajo el freno del pudor.

Todo recuerdo se vive como un «ahora». Ahora me veo niño ante Soción, mi maestro; ahora en mis primeros pleitos; ahora renunciando a ejercer, y después incluso a poder ejercer. La carrera del tiempo es inmensa, y se hace más visible cuando se mira hacia atrás. En cambio, para quienes viven ocupados en el presente, el tiempo se escurre con suavidad, como un río veloz.

¿Por qué ocurre así? Porque todo lo pasado se acumula en un mismo fondo y la memoria lo contempla de golpe, como si cayera en un abismo único. Así se entiende que la vida, tomada en conjunto, parezca más breve que un solo instante. La naturaleza, para engañar nuestra percepción, dividió este instante que es la vida en infancia, niñez, juventud, declive y vejez. ¡Cuántos peldaños para una escalera tan corta! Hace apenas nada te acompañaba, y ese «hace nada» ya ocupa gran parte de lo poco que nos queda. Antes no sentía tan veloz el paso del tiempo; hoy me asombra su rapidez, tal vez porque la meta se acerca o porque al fin soy consciente de mis pérdidas.

Por eso me indigna ver a tanta gente desperdiciar el tiempo; ese bien que, incluso bajo la mejor disciplina, apenas alcanza para lo necesario. Cicerón confesaba que, aunque se le duplicara la vida, no tendría tiempo suficiente para leer poesía. Yo pondría a los dialécticos en la misma categoría, pero con mayor compasión: los poetas juegan con el ingenio y lo saben; los dialécticos, en cambio, se creen ocupados mientras se pierden en lo inútil. Míralos desde lejos, si quieres, pero no los dejes entrar en tu vida. Es más sabio despreciar esas trampas que intentar deshacerlas.

No es tiempo de juegos de lógica cuando a nuestro alrededor resuena el clamor de la muerte. Sería bastante insensato un soldado que, en pleno asalto enemigo, se pusiera a probar silogismos absurdos, como aquel de «lo que no has perdido lo posees; no has perdido cuernos; luego, tienes cuernos». No es menos necio quien, mientras la vida se extingue, la gasta en sutilezas vacías. La existencia es demasiado breve para entregarla a los artificios: debemos consagrarla a lo esencial, pues el enemigo —la muerte— no está fuera de las murallas, ya está dentro.

Dame, pues, remedios, no acertijos. Enséñame a no temer la muerte ni a desperdiciar la vida; fortaléceme ante lo arduo y lo inevitable; amplía mi tiempo mostrándome que el valor de la vida reside en su uso, no en su duración. Una vida larga puede ser vacía, y una breve, colmada. Recuérdame al acostarme que «quizá no despierte»; al despertar, que «quizá no vuelva a dormir»; al salir, que «puede que no regrese»; al volver, que «puede que no salga otra vez». No solo en el mar es delgada la línea que separa la vida de la muerte, lo es siempre y en todas partes.

Disipa en mí esta sombra y estaré dispuesto para todo lo demás. La naturaleza nos dio una razón imperfecta, pero capacidad de aprender. Usemos esa capacidad para centrarnos en las virtudes verdaderas: justicia, piedad, frugalidad, castidad entendida como respeto a los demás y a uno mismo, y no en adornos. Y no compliquemos el camino. Como dice el trágico, el lenguaje de la verdad es sencillo. Nada hay más perjudicial para un ánimo empeñado en grandes empresas que las filigranas inútiles.

Cuídate.

Carta 50

SOBRE RECONOCER LOS DEFECTOS
Y PROCURAR SUPERARLOS

He recibido tu carta muchos meses después de que me la hayas enviado. Aun así, no pregunté al mensajero qué hacías. Su memoria es buena, pero confío en que vivas de tal modo que, dondequiera que estés, tu vida sea previsible en su virtud. ¿Y qué otra cosa puedes hacer sino mejorarte cada día, arrancando algún vicio y comprendiendo que los defectos no están fuera, sino dentro de ti? Solemos culpar al lugar o al tiempo de nuestros males, pero los vicios nos acompañan siempre, vayamos donde vayamos.

¿Sabes quién me lo recuerda? Harpaste, la sirvienta que heredé de mi esposa, y que aún permanece en casa. De pronto perdió la vista, y lo más extraño es que no lo sabe: pide que la lleven de un lado a otro porque, dice, «la casa está oscura». Así nos pasa a nosotros, que no reconocemos nuestra propia ceguera. Nadie admite ser avaro, lujurioso o ambicioso. El ciego, al menos, pide un guía; nosotros, en cambio, sin reconocer nuestra enfermedad, nos extraviamos y buscamos excusas en la edad, el lugar o la costumbre.

Nos engañamos: el mal no procede de fuera, sino de nosotros mismos. Y el mayor obstáculo para sanar es no saber que estamos enfermos. Si acudiéramos al médico en cuanto nace el mal, la curación sería más fácil, pues las almas jóvenes se dejan guiar. Pero nos avergüenza aprender la virtud, como si pudiera alcanzarse sin maestro. ¡Qué engaño! Ningún bien grande llega por azar.

Aun así, mantengo la esperanza: nada resiste al esfuerzo constante y a la perseverancia. La madera se endereza con el fuego; el hierro, con el martillo. ¡Con cuánta más facilidad podrá enderezarse el alma, más dúctil y flexible que cualquier materia, pues no es sino un soplo de aliento divino!

No pierdas la esperanza, Lucilio. Que la maldad nos haya gobernado largo tiempo no impide que la virtud acabe por tomar el mando. Nadie alcanza la cordura sin haber pasado antes por el desatino. Todos, en algún momento, estamos poseídos por el mal; aprender la virtud consiste en desaprender el vicio. Y cuanto más arduo es el comienzo, más firme es la conquista: la virtud, una vez alcanzada, nunca se pierde.

Es natural que al principio el camino parezca áspero: todo cuerpo enfermo rechaza el remedio. Pero una vez iniciado, la dificultad se convierte en deleite. La medicina de la filosofía no amarga antes de curar: sana y alegra al mismo tiempo.

Cuídate.

Carta 51

SOBRE LOS LUGARES APROPIADOS PARA EL RECOGIMIENTO

Querido Lucilio, cada uno hace lo que puede. Tú tienes por allí el Etna, la montaña más célebre de Sicilia —aunque no comprendo por qué Messala o

Valgi la llamaron «única», pues no lo es—. No solo las cumbres arrojan fuego; también en tierras bajas la corrupción brota y ahoga.

Yo fui a Bayas y me marché al día siguiente. Aunque sea un lugar de bellos paisajes, conviene evitarlo: el vicio lo ha tomado por refugio y lo ha llenado de gentes.

¿Debemos odiar un lugar por eso? En absoluto. Pero, como un sabio elige cierta ropa porque conviene a la vida sobria, hay regiones que es mejor evitar, porque se han vuelto impropias de las buenas costumbres. Quien busca recogimiento no escogerá Canopus —aunque allí pueda vivir con sencillez—, ni Bayas, porque se ha hecho morada del desenfreno.

Elige un lugar sano, no solo para el cuerpo, sino para el espíritu. No querría vivir entre verdugos ni entre tabernas. ¿Qué necesidad tengo de ver hombres ebrios por la playa, coros gritando en barcas sobre el lago y espectáculos en los que el vicio no solo se comete como si la ley lo autorizara, sino que además se exhibe?

Aléjate de lo que incita al mal. El ánimo debe templarse y apartarse de las seducciones del placer. Una breve estancia en la Campania corrompió a Aníbal: aquel hombre que no había sido domado por los Alpes ni por las nieves fue vencido en Capua por los vicios.

También nosotros debemos guerrear, y sin tregua. Quien comprende la magnitud de la tarea sabe que nada se alcanza con indolencia. ¿Qué me aportan las piscinas termales o los baños de vapor? Que mi sudor sea fruto del esfuerzo. Si, como Aníbal, interrumpimos la marcha para cuidar del cuerpo, cualquiera reprochará esa dejadez, peligrosa incluso para quien venció, y mucho más para quien todavía combate.

La fortuna guerrea contra mí; no acepto su yugo, lo sacudo. No debo dejar que mi ánimo se ablande: quien cede al placer después también cederá al dolor, a la fatiga, a la pobreza; ambición e ira reclamarán a su vez lo suyo, y así quedará desgarrado por muchas pasiones.

¿El premio? La libertad. Ese es el fruto del esfuerzo: no quedar esclavo ni de la necesidad ni del azar, sino poner a la fortuna a nuestra misma altura. El día que comprendas que tienes más dominio sobre ti que ella, dejará de mandar sobre ti. ¿Por qué resignarnos, si la muerte misma está en nuestras manos?

Quien piensa así debe escoger lugares serios y sobrios. La excesiva comodidad debilita el ánimo. El entorno condiciona la firmeza o la corrupción de las costumbres: los animales de carga, endurecidos por caminos ásperos, resisten jornadas largas; los criados en pastos blandos se fatigan pronto. Del campo pedregoso nacen soldados duros; el joven perfumado desfallece ante la primera nube de polvo.

La disciplina austera de un sitio sencillo robustece el espíritu y lo hace capaz de grandes empresas. Escipión llevó con más dignidad su destierro en Liternum que no lo habría hecho en Bayas. Incluso Mario, Pompeyo y César erigieron villas en la región, pero en cimas, como si fueran campamentos y no residencias de placer.

¿Crees que Catón habría soportado vivir entre barcas pintadas, mujeres frívolas en el lago y cantores nocturnos? Habría preferido dormir tras la empalizada que levantó él mismo, y que el toque de trompeta interrumpiera su sueño antes que un coro.

He combatido bastante contra Bayas, nunca bastante contra los vicios. Te exhorto a lo mismo: lucha contra ellos sin tregua ni medida, pues no conocen límites. Arranca de raíz los deseos que desgarran el corazón; y si no pueden arrancarse de otro modo, arráncate el corazón con ellos. Extirpa los placeres y abórtalos sin piedad, como a los bandidos que abrazan solo para estrangular.

Cuídate.

Carta 54

SOBRE LOS ATAQUES DE ASMA Y EL APRENDIZAJE DE LA MUERTE

Una larga tregua me había concedido la enfermedad, pero de pronto me atacó de nuevo. «¿Qué dolencia?», preguntas. Ninguna me es ajena, pero hay una que ya casi me reclama por completo: la fatiga, el jadeo. No veo por qué decirlo en griego si en buen latín basta con decir *suspiro*. Su acceso es breve, semejante a una tempestad, que suele cesar en menos de una hora. Y tiene sentido, ¿quién puede estar largo tiempo expirando?

He sufrido muchas dolencias del cuerpo, pero ninguna tan penosa como esta. En otras enfermedades uno está enfermo; en esta, uno exhala el alma. Por eso los médicos la llaman «preludio de la muerte», pues la respiración acaba logrando lo que tantas veces intentó.

¿Crees que te lo cuento alegremente porque he sobrevivido? Sería tan absurdo regocijarme de ello como quien celebra haber ganado un pleito solo porque la sentencia se pospuso. Sin embargo, incluso en medio del ahogo, busqué refugio en pensamientos firmes y serenos. Me repetía: «¿Qué es esto? ¿Otra vez la muerte me pone a prueba? Que lo haga, ya la he experimentado mucho tiempo».

«¿Cuándo?», preguntas. Antes de nacer. La muerte no es más que el no ser, y ya sé lo que eso significa: lo que vendrá después será igual que lo que hubo antes. Si en ello hubiera sufrimiento, también lo habría habido antes de que naciéramos, y no lo sentimos. ¿No llamarías insensato a quien pensara que una lámpara apagada está en peor estado que antes de encenderse?

También nosotros nos encendemos y nos apagamos: entre ambos extremos hay un breve resplandor, y a los lados el mismo reposo. Aquí está nuestro error, Lucilio: creemos que la muerte es solo lo que viene después, cuando en realidad también nos precede. Todo lo que fue antes de nosotros es muerte. ¿Qué diferencia hay entre no haber comenzado o haber terminado, si el resultado es el mismo, no existir?

Con estas y otras exhortaciones —mudas, porque apenas tenía aliento— me sostenía hasta que aquel jadeo, ya convertido en puro resuello, empezó a espaciarse y al fin se calmó. Pero incluso entonces mi respiración seguía débil. Que el cuerpo haga lo que quiera, con tal de que no jadee también el alma.

Ten esto por cierto: no temblaré cuando llegue el último instante, ya estoy preparado. No extiendo mis planes ni siquiera de un día para otro. Y tú, por tu parte, alaba e imita a quien no teme morir aunque ame vivir. Porque ¿qué mérito hay en marcharse cuando a uno le echan? Aun así, también hay valor. Se me expulsa, sí, pero me voy como si lo hiciera por mi propia voluntad. A un sabio nunca se le echa, porque no hace nada contra su querer. Vence a la necesidad deseando aquello mismo que ella le impondría.

Cuídate.

Carta 58

SOBRE LA NATURALEZA DEL SER

Querido Lucilio, nunca he sentido con tanta claridad la pobreza de nuestro lenguaje latino como hoy, mientras hablaba sobre Platón. En él abundan conceptos que exigirían palabras precisas, pero nosotros carecemos de ellas. Algunos términos existieron y cayeron en desuso; otros, simplemente, nunca los tuvimos.

Para mostrarte la magnitud de esta carencia, bastará un ejemplo. Los griegos llaman *estro* al tábano que acosa al ganado y lo dispersa por los valles. Nuestros antiguos escritores lo llamaban *asilo*, como recoge Virgilio en sus *Geórgicas*. Hoy ese vocablo ha desaparecido, como tantos otros que se cubrieron de herrumbre por nuestro descuido. Lo mismo sucede con ciertos giros y verbos: antes se decía *cernere ferro* (decidir con la espada) o *si iusso* (si lo hubiere ordenado), términos que ahora hemos sustituido por perífrasis más débiles.

No menciono esto por afán de gramático, sino para mostrarte la indigencia de nuestra lengua. Y ahora, en medio de esa escasez, necesito hablar de *ousía* y de *tò ón*. ¿Qué hacer? Prefiero emplear *esencia*, aunque a algunos oídos les suene forzado; Cicerón lo usó, y con él basta de autoridad. En cuanto a *tò ón*, literalmente «lo que es», podría traducirse como *quod est*, aunque al hacerlo perdamos fuerza, pues transformamos un sustantivo en un verbo. Aun así, aceptemos esa traducción para poder avanzar.

Un amigo nuestro, hombre docto, decía que Platón usaba esta expresión en seis sentidos distintos. Antes de enumerarlos, conviene distinguir entre género y especie. El hombre, el caballo o el perro son especies; el animal es el género común. Pero también hay seres con alma que no son animales, como las plantas. Por encima de ellos está el género de lo animado; más arriba aún, el de los cuerpos, pues hay cuerpos sin alma, como las piedras. Finalmente, más allá de lo corpóreo y lo incorpóreo, llegamos al primer género: «lo que es».

Platón, sin embargo, da un paso más y distribuye el ser en seis categorías. En primer lugar, habla de lo que es por excelencia, aquello que no se percibe por los sentidos, sino solo por el pensamiento. Así, el género universal no se ofrece a la vista, aunque sus especies concretas sí: no vemos «el hombre», pero sí a Catón o a Cicerón; no vemos «el animal», pero sí al caballo o al perro.

Por encima de todo coloca Platón un ser supremo que existe en grado máximo. Del mismo modo que, al decir «el poeta», pensamos en Homero, así también este ser singular es Dios: más grande y más poderoso que todos los demás.

Después sitúa las *ideas*: realidades eternas, inmutables e incorruptibles que existen fuera del mundo visible. Son los modelos a cuya imagen la naturaleza da forma a las cosas. Si un pintor quiere retratar a Virgilio, toma de su rostro la inspiración para la obra: eso es la idea.

Junto a ellas están las *formas* —que Platón llama *ídos*—, tomadas del modelo y plasmadas en la materia. La idea es el arquetipo; el *ídos*, la figura realizada en la estatua o el cuadro.

A continuación vienen los seres que percibimos directamente: hombres, animales, objetos. Y en último lugar, aquello que «es» de un modo más tenue, como el tiempo o el vacío.

De este modo, Platón no considera verdadero ser aquello que vemos y tocamos, porque nada de ello permanece: todo fluye y se transforma, como el río que conserva su nombre aunque sus aguas cambien sin cesar. Heráclito lo expresó así: «Ningún hombre se baña dos veces en el mismo río, porque ni es el mismo río ni es el mismo hombre». Nadie es el mismo hoy que ayer, cada instante es ya la muerte de lo que fuimos un momento antes. ¡Qué absurdo temer tanto una única muerte, cuando morimos sin cesar!

Tal vez te preguntes para qué sirven estas sutilezas. En apariencia, para poco. Pero, igual que el artesano que, cansado de su tarea, distrae un momento la vista para descansar, también el espíritu necesita ejercicios ligeros. Y de ellos, si se miran bien, siempre se extrae un provecho: comprender que lo que esclaviza a los sentidos carece de verdadera sustancia.

Son vanas las riquezas, las glorias y los placeres, porque surgen un instante y se desvanecen. Platón no las incluye entre las realidades. Admiremos, en cambio, las formas eternas y a Dios, que vive entre ellas y nos dio la razón para soportar la fragilidad del cuerpo.

Conviene examinar si el último tramo de la vida conserva aún valor y limpieza o si no es más que un residuo sin provecho. Lo importante no es prolongar los días, sino discernir si prolongamos la vida o solo la muerte. Si el cuerpo ya no cumple su función, ¿por qué no dar salida al alma fatigada? Mejor hacerlo antes de que sea tarde, antes de perder la libertad de decidir. Es insensato aferrarse a unos días más y quedar preso de una existencia indigna, cuando es más peligroso vivir mal que morir pronto.

No digo con esto que haya que apresurarse a dejar la vida. Si la vejez me conserva entero en lo más noble —mi mente y mi espíritu—, la aceptaré. Pero si mi razón se oscurece y solo me queda respirar sin vivir, entonces saldré a escape de un edificio consumido y ruinoso. Tampoco huiré de la enfermedad mientras sea curable y no corrompa el alma.

No me arrancaré la vida para huir del dolor físico, eso sería rendirme. Pero si el sufrimiento se vuelve constante y me arrebata todo lo que da sentido a la existencia, entonces partiré, no por el dolor, sino porque me roba la verdadera vida. Débil es quien muere solo por no sufrir; insensato, quien vive solo para sufrir.

Cuídate.

Carta 60

SOBRE LOS DESEOS VANOS

Me quejo, protesto, me indigno. ¿Aún sigues deseando lo mismo que un día pidieron para ti tu nodriza, tu tutor o tu madre? ¿No comprendes que, sin saberlo, pedían para ti riquezas, honores, poder o placeres, es decir, los instrumentos de tu esclavitud? Son deseos tanto más perjudiciales, por cierto, cuanto más felizmente se cumplen.

No me extraña, entonces, que la desgracia nos acompañe desde la infancia, ya que hemos crecido bajo las maldiciones involuntarias de quienes más nos amaban. Que los dioses, al fin, no escuchen los ruegos ajenos sobre nuestra vida, sino solo aquellos que brotan de nuestra razón. ¿Hasta cuándo seguiremos implorando a los dioses lo que podríamos procurarnos por nosotros mismos?

¿Hasta cuándo sembrar campos tan vastos como ciudades? ¿Hasta cuándo segar naciones enteras para colmar un solo banquete? ¿Hasta cuándo llegarán barcos cargados —no ya de un mar, sino de varios— para saciar la gula de un solo hombre?

Un toro se alimenta con unas pocas yugadas de pasto; un bosque basta para nutrir a varios elefantes. ¿Y el hombre? Exige los frutos de la tierra y los del mar. ¿De verdad nos dio la naturaleza un vientre tan insaciable en cuerpos tan pequeños, para que superáramos la voracidad de las bestias más grandes? No, poco pide la naturaleza y con poco se sacia. No es el hambre del cuerpo la que exige tanto dispendio, es la codicia del alma.

Con razón —como dijo Salustio— llamamos «esclavos del vientre» a quienes se consumen con gula. Son menos hombres que bestias, y algunos ni siquiera bestias, sino cadáveres que se arrastran por pura inercia.

La verdadera vida consiste en servir a los demás y en no depender de los excesos. En cambio, quienes yacen ociosos en casa como en un sepulcro deberían tener ya su nombre grabado en la losa del pórtico: aunque respiren, se han adelantado a su propia muerte.

Cuídate.

Carta 61

SOBRE VIVIR CADA DÍA COMO UNA VIDA ENTERA

Dejemos de desear lo que antes deseábamos. Yo, al menos, me esfuerzo en no querer, ya viejo, lo que quise de joven. Este es mi único trabajo, mi propósito constante de días y noches: poner fin a mis antiguos extravíos.

Procuro que cada día sea para mí una vida entera. No lo aprisiono con angustia, como si fuera el último, sino que lo contemplo con serenidad, como si pudiera serlo. Así escribo esta carta, como si la muerte pudiera llamarme en este mismo instante. Estoy preparado para partir, y precisamente por eso disfruto de la vida, porque no me inquieta cuánto ha de durar.

En mi juventud procuré vivir bien, en mi vejez procuro morir bien. Y morir bien no es otra cosa que morir de buen grado.

Esfuérzate en no hacer nunca nada contra tu voluntad. Lo que es forzoso para quien se resiste deja de serlo para quien lo acepta. Quien obedece con serenidad escapa a la parte más amarga de la esclavitud: hacer lo que no quiere. No es desgraciado quien cumple lo necesario, sino quien lo cumple a disgusto.

Ordenemos, pues, nuestro ánimo de modo que deseemos lo que las circunstancias nos imponen. Y, sobre todo, pensemos en la muerte sin tristeza. Antes debemos aprender a morir que a vivir. La vida ya nos fue dada suficientemente equipada; es nuestra codicia la que la considera insuficiente.

No son los años ni los días los que miden una vida plena, sino la disposición del alma. Yo, Lucilio, he vivido bastante, estoy saciado y espero la muerte con calma.

Cuídate.

Carta 62

SOBRE LA VERDADERA LIBERTAD DEL OCIO

Mienten quienes aseguran que los negocios apartan de los estudios nobles. No son los asuntos los que esclavizan, sino la forma en que nos entregamos a ellos: los hombres se inventan ocupaciones, las exageran y terminan agobiados.

Yo, en cambio, estoy libre, Lucilio, realmente libre; y dondequiera que me encuentre, soy mi propio dueño. No me entrego a los asuntos, apenas me presto a ellos, y no busco pretextos para desperdiciar el tiempo. Allí donde me detengo, refresco mis ideas y me dedico a reflexiones útiles y serenas.

Cuando estoy con mis amigos, no me aparto de mí mismo ni me dejo arrastrar por la conversación de quienes el azar ha puesto a mi lado o las obligaciones me imponen. Prefiero convivir con los mejores de todos los tiempos; a ellos elevo mi espíritu, sin importar cuándo o dónde vivieron.

Llevo conmigo, como ejemplo y guía, a Demetrio, el mejor de los hombres. Prefiero su compañía a la de quienes se envuelven en púrpura, porque hallo más grandeza en su sencilla túnica que en los lujos de los poderosos. ¿Y cómo no admirarlo? En él he visto a un hombre verdaderamente libre, alguien que nada desea porque nada necesita. Quien aprende a despreciar lo superfluo se convierte en dueño de sí mismo; quien ansía poseerlo todo, en cambio, fracasa, porque ninguna persona puede abarcar lo infinito.

Por eso, el camino más rápido hacia la verdadera riqueza es despreciarla. Demetrio no vive como quien, forzado, ha perdido sus bienes, sino como quien los ha cedido voluntariamente para que otros los disfruten. En su renuncia hay poder; en su pobreza, plenitud.

Cuídate.

Carta 63

SOBRE LA MODERACIÓN EN EL DUELO POR LA MUERTE DE UN AMIGO

Siento sinceramente la muerte de tu amigo Flaco, pero no quiero que te aflijas más de lo que es justo. Apenas me atrevo a pedirte algo más, que no lo llores en absoluto. Y, sin embargo, sé que eso sería lo mejor. Solo quien ha elevado su espíritu por encima del poder de la fortuna puede alcanzar tal serenidad; aun así, el golpe siempre roza lo más profundo.

Podemos disculparnos si se nos escapan lágrimas, siempre que no fluyan en exceso y sepamos detenerlas a tiempo. Ante la pérdida de un amigo, los ojos no deben permanecer secos, pero tampoco desbordarse. Lloremos, sí, pero sin deshacernos en llanto.

Quizá esta norma te parezca demasiado estricta, pero incluso Homero, el más grande de los poetas griegos, concedió al duelo un tiempo limitado: recordó que «hasta Níobe pensó en alimentarse», después de llorar desconsolada por todos sus hijos. El lamento desmedido no nace del dolor, sino del deseo de mostrarlo.

Usamos las lágrimas como prueba visible del sufrimiento, nadie llora solo para sí mismo. ¡Qué vana ostentación, competir incluso en la desgracia!

Dirás: «¿Y qué debo hacer, entonces? ¿Olvidar a mi amigo?». No, eso no. Sería una memoria pobre la que solo dura lo que dura el duelo. Muy pronto cualquier acontecimiento borrará la tristeza y devolverá la sonrisa. Y no hablo del lento paso del tiempo, que suaviza hasta el dolor más profundo; basta con que dejes de forzarte por parecer triste para que la pena se disipe. El duelo más intenso es siempre el que más pronto se apaga.

Aspiramos a algo mejor, a que la memoria de nuestros amigos sea serena. Es cierto que su recuerdo trae consigo un leve dolor —inevitable cuando evocamos a quien amamos—, pero incluso ese dolor puede volverse dulce. Como decía nuestro Átalo: «El recuerdo de los difuntos es grato como la dulzura agria de ciertas manzanas, o como la aspereza de un vino demasiado viejo». Con el tiempo, lo que dolía se disuelve y queda solo la gratitud.

Por eso, querido Lucilio, no veas con ingratitud a la fortuna, ella te dio a tu amigo antes de quitártelo. Gocemos de los amigos sabiendo que no son un bien seguro. Piensa cuántas veces dejamos de verlos aun estando vivos, por viajes, ausencias o simples ocupaciones; más tiempo hemos perdido así que con la muerte misma.

¿No te irritan quienes fueron fríos con sus amigos en vida y luego los lloran con exceso en la tumba? No lloran tanto por ellos como por miedo a que se dude de su afecto, buscan demostrar demasiado tarde un amor que no supieron mostrar antes.

Si tenemos otros amigos, los deshonramos al insinuar que no bastan para consolarnos por la pérdida de uno; y si no los tenemos, nos hacemos un daño mayor que el de la fortuna: ella nos quitó a uno, nosotros nos negamos a ganar otros. Además, quien no supo amar a más de un amigo, tampoco amó plenamente al único que tuvo.

Has perdido a un hombre querido, busca a otro a quien querer. Mejor es renovar la amistad que llorarla. Lo sé, suena a tópico, pero es verdad. Incluso quien no puso fin al luto por decisión propia lo vio extinguirse con el tiempo. Sin embargo, es indigno que sea el cansancio lo que nos cure, y no la razón. Prefiero que abandones el duelo antes de que el duelo te abandone a ti.

Nuestras leyes concedieron a las mujeres un año de luto, no para que lo prolongaran tanto, sino para impedir que lo extendieran más allá. A los hombres no se les fijó plazo alguno, porque se confía en que no lo necesiten. Pero, dime, ¿a cuántas de esas mujeres, apartadas apenas del cadáver, has visto llorar más de un mes entero? Nada se vuelve tan pronto odioso como el dolor prolongado. Al principio inspira compasión; después, fastidio o sospecha.

Yo mismo, Lucilio, lloré sin medida la muerte de mi Sereno, tan querido para mí que debo contarme entre los vencidos por el dolor. Hoy me lo reprocho, comprendí que la causa más profunda de mi llanto fue no haber pensado nunca que podía morir antes que yo.

Me repetía: «Es más joven, mucho más joven», como si el destino respetara el orden. Por eso ahora pienso en mí y en todos los míos como en seres mortales.

Así pues, querido Lucilio, consideremos que pronto llegaremos al mismo lugar al que nos entristece que él haya llegado ahora. Y quizá, si algunos sabios aciertan, no lo hayamos perdido, simplemente se nos ha adelantado en el camino que todos recorreremos.

Cuídate.

Carta 64

SOBRE LO ACCESIBLE DE LA VIRTUD

Ayer estuviste con nosotros. Podrías quejarte de que fue solo «ayer»; por eso añadí «con nosotros», pues conmigo estás siempre. Habíamos reunido a algunos amigos, y en su honor encendimos una pequeña hoguera; no con el humo espeso que levantan las cocinas de los magnates y pone en alerta a los vigilantes nocturnos, sino un fuego tenue, el justo para anunciar la llegada de los huéspedes.

Nuestra conversación fue variada, como en los buenos banquetes. No exprimimos un solo tema hasta agotarlo, sino que pasamos de uno a otro con naturalidad y ligereza. Luego leímos un libro griego de Quinto Sextio el padre, hombre eminente y —créeme— de alma estoica, aunque no lo declarara abiertamente.

¡Cuánta fuerza, dioses buenos, hay en él! ¡Qué alma tan grande! No todos los filósofos poseen ese vigor interior. Algunos, aunque célebres, se limitan a instruir, argumentar y matizar, pero no infunden valor porque ellos mismos carecen de él. Sextio, en cambio, está vivo en cada palabra; al leerlo sientes su presencia, percibes su franqueza, su fuego interior; terminas la lectura lleno de energía y confianza.

Confieso qué efecto produce en mí. Me siento preparado para desafiar cualquier adversidad y exclamar: «¿A qué esperas, Fortuna? Ven a probarme, estoy listo». Me anima el valor de quien desea medirse a sí mismo, que busca la dificultad como una prueba, como el cazador que anhela enfrentarse a un jabalí furioso o a un león que se cruza en su camino. Nada me alegra tanto como hallar obstáculos dignos de mi esfuerzo.

Este es el gran mérito de Sextio: mostrar la grandeza de la vida feliz sin hacerte desesperar de alcanzarla. Te enseña que está en la cúspide, pero que cualquiera que se esfuerce puede llegar. Eso mismo promete la virtud: que la admires, pero también confíes en poder alcanzarla.

A menudo me quedo absorto contemplando la sabiduría, como si mirara el mundo por primera vez. Venero los descubrimientos de la razón y a sus autores. Me gusta acercarme a ellos como a una herencia común, fruto del trabajo de muchos. Ellos la conquistaron para mí, la trabajaron para mí. Pero, como buen heredero, no debo quedarme solo con lo recibido, debo aumentarlo y transmitirlo enriquecido.

Nuestros predecesores hicieron mucho, pero no lo hicieron todo. Ni siquiera dentro de mil siglos se agotará el campo de lo que queda por descubrir. Y aun si todo estuviera hallado, siempre quedará la tarea de aplicarlo, ordenarlo y perfeccionarlo. Así como no necesitamos nuevos medicamentos para los ojos, sino aprender a usarlos según la dolencia y el momento, tampoco el alma requiere nuevos remedios. Los antiguos los encontraron, y nuestra tarea es aprender a administrarlos.

Por eso debemos venerar a quienes nos legaron tanto. ¿Por qué no debería honrar con gratitud a los hombres ilustres que elevan mi espíritu y celebrar su memoria como si fueran dioses? La reverencia que debo a mis maestros se la debo igualmente a estos grandes bienhechores de la humanidad, origen de un don tan inmenso.

Si, al cruzarme con un cónsul o un pretor, salto del caballo, descubro la cabeza y cedo el paso, ¿cómo no rendir un honor aún mayor a Marco Catón, a Lelio el Sabio, a Sócrates, a Platón, a Zenón o a Cleantes? Ante tales nombres, me inclino en mi interior y los venero con profunda gratitud.

Cuídate.

Carta 66

SOBRE LA IGUALDAD DE LAS VIRTUDES Y LOS BIENES

He vuelto a ver, después de muchos años, a mi condiscípulo Clarán. No quiero llamarlo simplemente «viejo», pues su espíritu sigue firme y vigoroso,

aunque habite un cuerpo deformado. La naturaleza
fue injusta al conceder a un alma tan noble una morada tan pobre; o tal vez quiso mostrarnos precisamente esto: que un carácter íntegro puede ocultarse
bajo cualquier apariencia. Clarán vence las dificultades empezando por despreciarse a sí mismo, es decir, por no dar importancia a su cuerpo.

Alguien dijo que «la virtud resulta más agradable
si se acompaña de un cuerpo hermoso». Yo lo niego:
la virtud no necesita adornos; ella misma ennoblece
al cuerpo que la porta. Veo ahora a Clarán hermoso
y erguido, porque así lo es su alma. De una choza
puede salir un gran hombre; de un cuerpo débil, un
espíritu fuerte. Quizá la naturaleza forma a veces
cuerpos torcidos para enseñarnos que la virtud
puede nacer en cualquier parte, y que es el alma
quien embellece al cuerpo, no al revés.

Permanecimos juntos pocos días, pero conver-
samos mucho. El primer día surgió esta cuestión:
¿Cómo pueden ser iguales los bienes si los dividi-
mos en tres clases? Unos pertenecen a la primera,
los conformes a la naturaleza, como el gozo, la paz y
el bien común. Otros a la segunda —los propios de
la adversidad—, como la paciencia en el tormento
y la serenidad en la enfermedad. Los terceros son
indiferentes, como el paso mesurado, el porte sereno, los gestos prudentes. ¿Cómo va a ser igual lo
que deseamos con entusiasmo y lo que solo aceptaríamos por necesidad?

Para decidir, volvamos al bien primordial y pre-
guntemos en qué consiste. El bien supremo es un

alma que contempla la verdad, que distingue lo que
debe evitarse y lo que debe buscarse; que valora las
cosas por lo que son, no por la opinión corriente;
que se sabe parte del todo; que examina con lucidez
sus actos y pensamientos; es noble, firme, invencible
ante la dureza o la dulzura de la fortuna; serena
tanto en los éxitos como en los reveses; sobria, intrépida, imperturbable. Tal alma encarna la virtud.

Este sería su rostro si pudiéramos abarcarla de
una sola mirada. En la vida se manifiesta de muchos
modos, pero sin crecer ni menguar, pues el bien supremo no admite incremento, como la rectitud no
puede ser «más recta» ni la verdad «más verdadera».
Toda virtud se sostiene en la medida: en no exce-
derse ni quedarse corto, en guardar siempre el equilibrio. Lo perfecto no admite añadidos; si algo puede
aumentarse, es señal de que no era perfecto. Por eso
la justicia, el decoro y la integridad tienen igual estatura: todas se apoyan en la recta razón, que es la medida común de la virtud.

Así, todas las virtudes son iguales, lo mismo que
las obras que brotan de ellas y las personas que las
poseen. Lo que en plantas o animales llamamos virtud no tiene el mismo valor, pues es pasajera. En
cambio, la virtud humana se rige por una sola
norma; por la razón pura, chispa divina que habita
en nosotros. Y si todo bien depende de la razón,
todo bien participa de lo divino; y entre lo divino no
hay grados. Por eso son iguales el gozo sereno y la
fortaleza ante el dolor. Son la misma grandeza de
alma, unas veces tranquila, otras combativa.

La virtud es la misma tanto en quien asalta una muralla con coraje como en quien resiste un asedio con firmeza. Grande fue Escipión al cercar Numancia; grandes también los sitiados, que permanecieron libres porque la muerte les abría una salida. Lo mismo ocurre con las demás virtudes: la generosidad, la constancia, la ecuanimidad, la paciencia y la sencillez son iguales entre sí. Se distinguen en apariencia, pero comparten una misma raíz: todas brotan de la virtud, que endereza y fortalece el alma.

«¿Entonces no hay diferencia entre gozar y sufrir?», podrías preguntar. En lo que sentimos, sí; en lo que respecta a la virtud, ninguna. El placer y el dolor cambian la materia, pero no la virtud. Dondequiera que actúa, la virtud mantiene su rectitud y su prudencia. Por eso los bienes son iguales: en ninguno cabe obrar mejor que en otro, y lo que no admite mejora es igual.

Si algo externo pudiera disminuir o aumentar la virtud, dejaría de ser el bien supremo. La virtud no nace de la coacción ni del disgusto. Lo honesto solo existe cuando surge de la voluntad libre. Siempre es voluntario. Pero si a la acción se le añaden lamentos, excusas o miedo, se pierde lo mejor: la alegría interior. La honestidad es seguridad; y cuando vacila, deja de ser libre.

¿Quieres comparar el descanso de un banquete con el tormento del verdugo? Incluso Epicuro, tan distinto de nosotros, dijo que el sabio, ardiendo en el toro de Fálaris, podría exclamar: «Nada me afecta, es cosa dulce». No llego tan lejos, pero entiendo que, si puedo elegir, escogeré lo conforme a la naturaleza y evitaré lo contrario; sin embargo, respecto a la virtud, ambas cosas valen lo mismo. La virtud que se expresa en la calma y la que se mantiene firme en la adversidad son igualmente virtud. Su grandeza eclipsa todo dolor, como el sol apaga una luz débil o la lluvia que cae en el mar y se disuelve en su inmensidad.

Por eso el hombre de bien se lanza sin demora a toda acción noble, aunque lo esperen verdugos, tormentos o llamas. No mira lo que sufrirá, sino lo que alcanzará. Le importa el gobierno de la razón, no el ruido de la fortuna. Tan digno le parece un acto honesto doloroso como uno alegre y celebrado.

El justo rico y el justo pobre son igualmente buenos, aunque su fortuna sea distinta. Lo mismo ocurre con los cuerpos; no debemos elogiar más la virtud en un cuerpo sano que en uno mutilado, pues sería tan absurdo como juzgar al señor por sus siervos. Dinero, salud, honores… todo lo externo está en manos del azar. En cambio, las obras de la virtud son libres e invictas; no valen más cuando la fortuna las aplaude ni menos cuando las oprime.

La amistad busca en las personas la bondad interior, no lo externo. ¿Amarás más al bueno robusto que al bueno débil? ¿Preferirás, entre dos igualmente justos, al de cabello rizado? Los padres no aman más al hijo sano que al enfermo; las fieras alimentan por igual a toda su camada; y Ulises corre hacia su áspera Ítaca con el mismo ardor con que Agamenón regresa a su poderosa Micenas. No amamos lo nuestro porque sea grande, sino porque es nuestro.

La virtud aprecia por igual todas sus obras, y si alguna se ve en dificultad, le dedica más cuidado, como un padre que atiende con más esmero al hijo frágil. No hay un bien mayor que otro. Nada puede ser «más apto» que la aptitud, ni «más llano» que la llanura, ni «más honesto» que la honestidad. Si la naturaleza de las virtudes es una, también lo son las tres clases de bienes —placenteros, adversos o indiferentes—. Lo placentero despierta inclinación; lo adverso, cuando se afronta con fortaleza, inspira respeto. Pero ambos tienen el mismo valor, porque la virtud, que es recta razón, los hace iguales.

Quien juzga los bienes como desiguales se deja engañar por la apariencia. Los bienes verdaderos pesan siempre lo mismo; los falsos son huecos y ligeros. Lo que asegura la razón es sólido y duradero; lo que el vulgo aplaude es espuma que unas veces sube y otras se desvanece. Solo la razón gobierna los sentidos, ella dicta qué es bien y qué es mal, sostiene la coherencia de la vida y desprecia lo accesorio.

Podemos admitir que las dos primeras clases de bienes se diferencian por la circunstancia: unos son conformes a la naturaleza, como el afecto de los hijos o el bien común; otros parecen contrarios, como resistir el tormento o soportar la sed. ¿Existen entonces bienes contra natura? No. La materia puede serlo, el bien nunca. No hay bien sin razón, y la razón sigue los designios de la naturaleza. El sumo bien del hombre consiste en vivir conforme a esos designios.

Podrás decirme: «Es más dulce la paz sin guerra que la recobrada con sangre, más agradable la salud que nunca se pierde que la recuperada tras la enfermedad». Y es cierto. En lo externo, que depende del azar, hay grados; pero en lo que respecta al bien, el plan es único: conformarse con la naturaleza. Como en el Senado, donde nadie aprueba «más» que otro la misma propuesta, todas las virtudes se adhieren por igual al mismo dictamen.

También las muertes nos enseñan. Unas llegan en la mesa, otras en el sueño, otras en la batalla o bajo una ruina. Los caminos son muchos; el término, uno. No hay una muerte «más muerte» que otra. Lo mismo ocurre con los bienes: unos se alcanzan por senda llana, otros por senderos abruptos, pero el fin es el mismo: todos son bienes, loables, compañeros de la virtud y la razón.

Y no solo nuestra doctrina lo enseña. Epicuro sitúa el sumo bien en un cuerpo sin dolor y un alma serena. Lo que está colmado no admite aumento, ¿qué puede añadirse a la ausencia de dolor o a la paz interior? El mismo Epicuro, entre grandes sufrimientos, calificó su último día de dichoso. ¿Habría podido considerarse feliz si no gozara del bien supremo? También él reconoce bienes que no habría elegido, pero que, una vez impuestos por el destino, acepta, elogia y equipara.

Permítame una audacia: si hubiera grados y unos bienes pudieran ser superiores a otros, preferiría los bienes duros a los suaves, pues es mayor mérito vencer dificultades que moderar placeres. La razón nos guía en ambos extremos: soportar con serenidad la prosperidad y con fortaleza la adversidad. Aplaudimos al centinela que vela en calma, pero el «¡bravo!» lo reservamos para el soldado que regresa ensangrentado. Así también elogiaré con preferencia los bienes conquistados a pulso frente a la fortuna.

¿Dudaré en admirar más la mano de Mucio, consumida en el fuego, que la del soldado intacto? Firme ante el enemigo y las llamas, mantuvo la vista fija en su mano ardiente hasta que Porsena, envidioso de su valor, mandó apartarlo del tormento. ¿No merece ese bien un lugar entre los primeros, más alto que los seguros, lejos del riesgo? «¿Y lo desearías para ti?», preguntas. Sí, solo quien puede desearlo sinceramente puede alcanzarlo.

¿Preferiría yo vender mi cuerpo al masaje de siervos y cortesanas? Más dichoso me parece Mucio, que ofreció su mano al fuego como otros la ofrecen al ungüento. Corrigió su error y, desarmado y mutilado, puso fin a la guerra y con su mano tullida venció a dos reyes.

Cuídate.

Carta 70

SOBRE LA MUERTE DIGNA

He vuelto a ver, después de mucho tiempo, tu querida Pompeya. Fue como reencontrarme con mi juventud: todo lo vivido allí me pareció reciente, como si apenas hubiera pasado.

Así es, Lucilio, navegamos por la vida, y, como en el mar —donde, en palabras de Virgilio, «las tierras y las ciudades se alejan»—, también en esta travesía dejamos atrás los puertos de la existencia: la infancia, la adolescencia, la madurez y los mejores años de la vejez... hasta divisar, al fin, el mismo término que a todos nos aguarda.

Ese término, que muchos temen como un escollo, es en realidad un puerto. A veces debemos buscarlo, no huir de él. Quien llega pronto no debería lamentarse más que el navegante que arriba con viento favorable. Unos arriban antes, otros después; lo decisivo no es cuándo se llega, sino cómo.

Porque no es un bien simplemente vivir, sino vivir bien. El sabio vive mientras debe, no mientras puede. Reflexiona sobre dónde y cómo le conviene vivir, cuál es su tarea, y mide su existencia por la calidad, no por la duración. Si las circunstancias perturban su serenidad, abandona su puesto con dignidad. No espera a que la fortuna lo derribe, examina por sí mismo si ha llegado la hora de partir.

Para quien comprende que la vida se le escapa poco a poco, no es temible perderla de una vez. Morir bien significa evitar el riesgo de vivir mal.

Recuerdo a un rodio que un tirano encerró en una jaula y alimentó como a una fiera. Alguien le aconsejaba dejar de comer, y él respondió que «mientras hay vida, hay esperanza». Pero no toda esperanza es digna. La vida no debe conservarse a cualquier precio. Ninguna ganancia justifica la cobardía. ¿Qué poder puede tener la fortuna sobre quien sabe morir?

El sabio, sin embargo, no se precipita. A veces espera, porque adelantarse puede ser rendirse al miedo. Sócrates pudo haberse quitado la vida antes del día fijado para su ejecución, pero prefirió respetar las leyes y compartir con sus amigos la serenidad de sus últimas horas. No temía la muerte, pero tampoco quiso quebrantar el orden.

También recuerdo a Druso Libón, joven ambicioso que, tras caer en desgracia, fue abandonado por todos. Cuando vacilaba entre quitarse la vida o esperar la sentencia, su tía Escribonia le dijo: «¿Por qué te ocupas de un asunto que ya no te pertenece?». No la escuchó y se mató. En su caso, quizá hizo bien, porque quien está condenado y retrasa el acto, no hace más que obedecer al verdugo.

No puede fijarse una norma general sobre si debemos anticipar o esperar la muerte, cada situación exige su propio juicio. Pero si la elección es entre una muerte rápida y otra prolongada, el sabio elegirá la más sencilla. Del mismo modo que escoge la nave en la que navegar o la casa en la que vivir, también elige el modo en que ha de partir.

No hay que preocuparse por morir antes, sino por morir con entereza. La mejor muerte es la que agrada a quien la elige, no a quien la juzga. No importa si otros dicen «demasiado pronto» o «demasiado tarde», importa la libertad con que se afronta.

Algunos maestros prohíben quitarse la vida, dicen que es un pecado. Pero ¿no ves que eso anula el don más grande que nos dio la naturaleza: la posibilidad de marcharnos cuando queramos? La ley eterna nos concedió una sola entrada a la vida, pero muchas salidas.

¿Por qué esperar la crueldad de los hombres o la de la enfermedad si puedo abrir yo mismo la puerta? Nadie está obligado a quedarse. Buena es la condición de las cosas humanas, porque nadie es desgraciado sino por su propia voluntad. Si la vida te agrada, vive. Si no, vuelve al origen.

A menudo abrimos una vena para aliviar el dolor, ¿por qué no hacerlo también para liberar el alma? Un pequeño corte basta para alcanzar la libertad suprema. No hay otro obstáculo que la indecisión. Habita en tu cuerpo como quien vive en una casa prestada, sabiendo que un día habrá de abandonarla. Acostúmbrate a pensar en el final, quien lo hace se vuelve más fuerte.

No solo los grandes hombres —como Catón, que arrancó con su propia mano el alma que la espada no logró liberar— han tenido este valor. También los humildes hallaron caminos hacia la libertad: un gladiador germano, destinado al espectáculo, se suicidó en los baños tragándose el palo con la esponja; otro, llevado al circo en un carro, dejó caer la cabeza entre los radios de la rueda hasta que el giro la cercenó; un tercero, en una naumaquia, se atravesó la garganta con su lanza para no ser carne de diversión.

¿Y nosotros, que nos llamamos sabios, no habremos de mostrar el mismo valor que demuestran incluso los condenados? La razón enseña que, aunque los caminos hacia la muerte sean muchos, el destino es uno solo. No importa dónde comienza lo que, inevitablemente, ha de terminar.

Muere, pues, como prefieras, si puedes; y si no, como te sea posible. Es vergonzoso vivir de engaños, pero morir arrebatándole a la fortuna el poder sobre la propia vida es un acto de grandeza.

Cuídate.

Carta 71

SOBRE LA IGUALDAD DE LOS BIENES Y LA VIRTUD COMO BIEN SUPREMO

A menudo me pides consejo sobre casos concretos, olvidando que un mar entero nos separa. Y como el consejo depende del momento, mis palabras te llegan cuando la ocasión ya ha pasado. Los consejos deben nacer en el instante preciso; fuera de él, llegan siempre tarde. Por eso, en lugar de darte soluciones para cada caso, quiero enseñarte a encontrarlas.

Siempre que dudes sobre qué buscar o evitar, eleva la mirada al sumo bien y ordena toda tu vida en torno a él. Solo quien ha trazado el conjunto puede resolver lo particular. Ningún pintor, por más colores que posea, pinta sin haber concebido antes su obra. Erramos porque deliberamos sobre fragmentos de nuestra existencia, y casi nadie delibera sobre la totalidad de su vida.

Quien dispara una flecha debe conocer el blanco; de otro modo, ningún viento le será favorable. Así vivimos nosotros, al azar. Y, sin embargo, el bien está a nuestro lado; no requiere largos discursos, basta con reconocerlo. El sumo bien es la honestidad; o, mejor dicho, el único bien es la honestidad, pues todos los demás son solo apariencias.

Si llegas a comprender esto y te enamoras de la virtud —amarla es poco—, todo lo que provenga de sus manos será venturoso, por adverso que parezca. También el suplicio, si lo soportas con serenidad; también la enfermedad, si no maldices a la fortuna ni te dejas abatir. No hay bien fuera de lo honesto, y todo lo que la virtud asume se transforma en bien.

Muchos creen que los filósofos piden al hombre más de lo que puede dar, porque solo dirigen su mirada al cuerpo. Pero si miran al alma, verán en ella una medida divina. Alza el ánimo, Lucilio, y no te detengas en las escuelas elementales que disecan en palabras lo más noble. No te pierdas en discusiones ni en sutilezas vacías. Busca parecerte a quienes descubrieron estas verdades viviéndolas, no a quienes las convirtieron en doctrina sin ejemplo.

Sócrates, quien trajo la filosofía al terreno de la vida moral, decía que la sabiduría consiste en distinguir el bien del mal. «Si tengo alguna influencia sobre ti», decía, «avanza hacia esa meta donde serás feliz, y no temas parecer necio. Muchos te ofenderán, pero nada podrán contra ti si la virtud habita en tu interior. Si quieres ser feliz y verdaderamente bueno, permite que te desprecien».

Nadie alcanza la verdadera felicidad sin aprender antes a despreciar lo que no depende de él y a considerar todos los bienes al mismo nivel. Porque no hay bien alguno sin honestidad, y la honestidad —fuente de todo bien— es siempre la misma. Lo que hace valiosa una acción no es su resultado, sino la rectitud con que se cumple.

«¿No hay diferencia, entonces, entre el Catón que obtuvo la pretura y el que la perdió? ¿Entre el que cayó en Farsalia y el que venció?». Ninguna. Una misma virtud gobierna tanto la buena como la mala fortuna. La virtud no crece ni disminuye, tiene una sola medida.

«Pero Pompeyo perdió su ejército y el Senado, y la República se desmoronó en Egipto, en África y en Hispania...». Es cierto, todo puede naufragar. También Juba puede quedar inerme en su reino, también Útica puede traicionar su fidelidad, también Escipión puede ver borrado su nombre. Pero Catón no pierde nada de sí. El día que le niegan la pretura, juega; la noche en que va a morir, lee. Para él, perder un cargo o perder la vida tiene el mismo valor.

¿Por qué no tendría que aceptar con serenidad el cambio político? Nada en el mundo está libre de cambios; ni la tierra, ni el cielo, ni el universo. Todo nace, crece y se extingue; los astros que hoy brillan también perecerán. Pero nada se pierde, todo se transforma.

Si nuestra mente, menos entorpecida por el cuerpo, pudiera ver más lejos, sufriría menos ante la muerte, pues comprendería que vida y muerte se suceden bajo una misma ley eterna. Así habría hablado Catón: «Todo linaje humano, el de hoy y el que vendrá, está condenado a morir. Llegará el día en que alguien se pregunte dónde estuvieron estas ciudades gloriosas. Unas caerán por la guerra, otras por el vicio, otras por el mar o por la tierra que se abre. ¿Por qué indignarme si solo me adelanto un instante al destino común?».

El alma grande obedece a Dios y acepta sin vacilar la ley del universo: o asciende a una vida mejor entre los seres divinos, o se libera de todo sufrimiento al reintegrarse en la naturaleza. Por eso, la vida honesta de Catón no vale más que su muerte heroica, pues la virtud no aumenta ni disminuye. Sócrates identificaba la verdad con la virtud. Y si la verdad no admite grados, tampoco la virtud.

No te sorprenda, entonces, que todos los bienes sean iguales, tanto los que elegimos libremente como los que soportamos con entereza. Si admites diferencias entre ellos, acabarás considerando «menor» la fortaleza en el sufrimiento, y terminarás llamando «mal» a lo que en realidad es un bien. Así juzgarías desdichados a Sócrates, a Catón o a Régulo, cuando en verdad fueron los más felices, porque su virtud permaneció intacta incluso en la adversidad.

Algunos filósofos admiten una felicidad «incompleta» en medio del dolor, pero eso es imposible: quien no es plenamente feliz no posee el sumo bien. Y el sumo bien no admite un «más» por encima de sí, porque la virtud —su fundamento— permanece igual incluso cuando el cuerpo se quiebra. Es como una línea recta; puede extenderse, pero no doblarse. Si la virtud no puede ganar en rectitud, tampoco sus actos pueden ser unos más rectos que otros, todos son iguales en honestidad.

«¿Acaso es igual recostarse en un banquete que sufrir tormento?», dirás. Te sorprenderá más oír esto: es un mal yacer en el banquete si hay deshonestidad, y un bien sufrir en el potro si se hace con virtud. La materia no decide el valor de las cosas, lo decide la virtud. Donde ella está, todo se iguala en dignidad.

Quien cree imposible soportar el fuego, las heridas o las cadenas, juzga según su propia debilidad. Para el disoluto, la templanza es un tormento; para el perezoso, el trabajo es un suplicio; para el ocioso, madrugar es una tortura. No son arduas por naturaleza esas obras, lo somos nosotros. Juzguemos con alma grande lo que es grande o acabaremos culpando a las cosas de nuestras propias flaquezas.

Muéstrame a un joven íntegro y animoso: considerará más afortunado al que resiste el peso de la adversidad y vence a la fortuna. Pero no es admirable quien permanece sereno en la calma, sino quien se sostiene cuando todos caen.

¿Dónde está, entonces, el mal de los tormentos? Solo en el derrumbe del ánimo. Nada de eso alcanza al sabio, que permanece firme bajo cualquier carga. Conoce su fuerza y sabe que nació para llevar su fardo.

No separo al sabio de lo humano ni lo convierto en piedra. En él hay dos partes: una irracional, que siente el fuego y el dolor; y otra racional, que mantiene sus convicciones, intrépida e indomable. En esta última reside el bien supremo. Antes de alcanzarlo hay vacilación; una vez alcanzado, hay estabilidad.

Por eso, quien progresa —enamorado de la virtud pero aún no dueño de ella— puede retroceder a veces, pues camina sobre terreno resbaladizo. El sabio, en cambio, se basta a sí mismo incluso cuando es probado; prefiere que le digan «¡ánimo!» antes que «¡felicidades!».

«¿Y no temblará nuestro sabio?», preguntas. Temblará, palidecerá, sufrirá: eso pertenece al cuerpo. ¿Dónde está, entonces, el mal? En dejar que el alma pierda el mando. El sabio se eleva por encima de la fortuna; quienes aún avanzan hacia la sabiduría se inquietan ante pequeñas amenazas. El error está en exigir al sabio lo que todavía pertenece al aprendiz.

Como la lana, que solo fija el tinte tras ser macerada muchas veces, así también el alma. El conocimiento se imprime pronto, pero la virtud, si no cala hondo, no da fruto.

En resumen, el único bien verdadero es la virtud, fuera de ella no hay ningún bien. La virtud habita en la parte más noble del ser humano, la razón, y es un juicio firme y verdadero del que nacen impulsos rectos y la claridad para guiarlos. Todo lo que se une a la virtud es un bien, y todos esos bienes son iguales entre sí. Los bienes del cuerpo —salud, belleza, fuerza— sirven al cuerpo, pero carecen de valor moral. La virtud, en cambio, no admite aumento ni disminución: se tiene o no se tiene.

También entre quienes aspiran a la sabiduría hay grados. Algunos ya alzan la vista frente a la fortuna, aunque aún los deslumbra; otros la encaran sin pestañear; y alguno, acaso, ha alcanzado la cima. Los imperfectos vacilan: hoy avanzan, mañana retroceden. Pero buena parte del progreso consiste en querer progresar.

Te veo con buen ánimo, Lucilio. Apresurémonos, solo así la vida dará fruto. De otro modo, se malgastará vergonzosamente en ocupaciones sin valor. Hagamos nuestro cada momento, y no lo será si antes no somos dueños de nosotros mismos.

¿Cuándo podremos despreciar por igual la buena y la mala fortuna? Cuando con las pasiones sometidas a la razón podamos decir: «He vencido». No a persas ni a medos, ni a pueblos lejanos, sino a la avaricia, a la ambición y al miedo a la muerte, que han vencido a los mismos vencedores de las naciones.

Cuídate.

Carta 76

SOBRE LA IGUALDAD DE LOS BIENES
Y LA FORTALEZA INTERIOR

Me amenazas con tu enemistad si te oculto uno solo de mis actos diarios. Pues bien, confieso: escucho a un filósofo. Desde hace cuatro días asisto a sus enseñanzas a partir de la hora octava. «¡A buena edad!», dirás. ¿Y por qué no? Nada hay más necio que dejar de aprender por haber empezado tarde. Vamos al teatro incluso de viejos. ¿Debemos avergonzarnos por acudir a la escuela? Hay que aprender mientras dure la ignorancia, es decir, mientras dure la vida. Y además, también enseño algo allí: que incluso un anciano puede y debe seguir aprendiendo.

Me avergüenza el género humano cada vez que paso ante un teatro lleno y encuentro casi vacía la escuela donde se aprende a ser bueno. Quien busca la honestidad debe soportar el desprecio de los

necios. Prosigue tú, Lucilio, y apresúrate. La virtud
no cae del cielo, requiere esfuerzo constante y total.
Lo demás —el dinero, los cargos, el prestigio—
puede sobrevenir; la virtud, nunca.

¿Por qué sostengo que el único bien es la honestidad? Porque cada cosa vale por su bien propio: la
viña por su fruto, el perro por su olfato y su ligereza.
¿Y el hombre? Por la razón. Cuando la razón es recta
y completa, el hombre cumple su fin. A esa razón
perfecta la llamamos *virtud*, y su brillo es la honestidad. Si alguien carece de dinero, rango o linaje, pero
es bueno, lo alabamos; si lo tiene todo y es malo, lo
censuramos. Luego el bien del hombre es uno, aquel
que lo hace digno de alabanza.

No llamamos buena a una nave por su pintura o
por su proa de plata, sino por su firmeza y obediencia al timón; ni a una espada por su vaina enjoyada,
sino por su capacidad de cortar; ni a una regla por su
forma, sino por su rectitud. Del mismo modo, no
se mide al hombre por sus tierras, sus banquetes o
sus sirvientes, sino por su bondad, por una razón en
armonía con la naturaleza.

De ahí que todo bien verdadero fortalezca el
alma, mientras que lo que solo la infla es pura vanidad. Toda acción debe juzgarse por una sola disyuntiva: lo honesto o lo torpe. El hombre bueno elige lo
honesto, aunque le cueste fatiga, pobreza o peligro;
y evita lo torpe, aunque le ofrezca placer, riqueza o
poder. Si siempre debe seguir la honestidad y siempre huir de lo deshonroso, el único bien es la virtud,
firme, constante, invulnerable.

Dirás que muchos, movidos por un arrebato momentáneo, han despreciado las riquezas, han metido la mano en el fuego o han afrontado la muerte sin temblar. Es cierto, un impulso ciego puede realizar gestos heroicos por un instante, pero la virtud los sostiene siempre, sin alarde ni violencia. Solo ella actúa con serenidad, fuerza y constancia. Por eso, las cosas que a veces desprecian los imprudentes y siempre desprecian los sabios no son ni bienes ni males. Bien es solo la virtud, que avanza serena entre la prosperidad y la adversidad, sin dejarse alterar por ninguna de las dos.

Si admites otro bien fuera de lo honesto, todas las virtudes se debilitan, dejan de bastarse a sí mismas. El hombre que venera a los dioses acepta con ánimo firme cualquier contratiempo como parte de la ley del universo. Si es así, no existe otro bien que obedecer esa razón recta, sin indignación ni queja, cumpliendo el destino.

De lo contrario, nos aferraríamos a la vida como a un botín incierto y caeríamos en absurdos: creer que el hombre es más feliz que Dios —porque goza de riquezas que Dios no usa—; que el alma unida al cuerpo vive mejor que libre; o que los animales, más vigorosos en el placer, son más felices que nosotros. Todo eso es falso. La honestidad merece cualquier sacrificio. Si el bien común exige mi vida, debo ofrecerla no solo con resignación, sino con alegría, por obrar rectamente, aunque nadie lo recuerde.

Los demás «bienes» son solo decorado: púrpuras, anillos, rentas. En el teatro, el actor parece un gigante por los tacones de sus zapatos; fuera del escenario, vuelve a su estatura real. Si quieres medir el valor de un hombre, desnúdalo de fortuna y cargos, observa si su alma es grande por sí misma o solo por lo que la adorna, si enfrenta el peligro con calma, si comprende que da igual que el alma salga por la boca o por la garganta, si ante las prisiones, el destierro o las amenazas del poder, conserva la serenidad.

El sabio, gracias a la previsión, amortigua los golpes del destino. Lo que a los necios hiere por sorpresa, él ya lo ha previsto. Muchos, tras el daño, se lamentan: «¡Sabía que podía sucederme!». El sabio lo dice antes, y cuando llega, responde con serenidad: «Lo sabía».

Cuídate.

Carta 77

SOBRE LA ENTEREZA NECESARIA PARA MORIR

Hoy han llegado inesperadamente las naves mensajeras de Alejandría, que preceden a la flota y anuncian su llegada. Su vista llena de alegría a los habitantes de Campania: todo el pueblo de Putéolos corre hacia el puerto, y entre la multitud de embarcaciones reconocen enseguida las alejandrinas por su velamen, pues son las únicas que tienen el derecho de desplegar la *gavia*, esa vela superior que solo se iza en alta mar.

Nada impulsa tanto una nave como el viento que golpea en lo alto de la vela. Por eso, cuando sopla con demasiada fuerza, se baja la antena; el viento que da más abajo empuja con menos ímpetu. Una vez atravesada Cápreas y el promontorio donde, sobre una roca tempestuosa, Palas contempla el mar, todas las demás embarcaciones continúan solo con la vela mayor. La *gavia* queda como insignia exclusiva de las alejandrinas.

Mientras todos corrían hacia la playa, yo encontré placer en quedarme quieto. Aunque esperaba cartas de mis corresponsales, no tuve impaciencia por conocer el estado de mis asuntos en Egipto. Hace tiempo que ya no me inquietan las pérdidas ni me entusiasman las ganancias. Y aunque no fuera viejo, también debería pensar así, pues por pocas que sean mis provisiones, aún tengo más de lo que necesito para el tramo que me queda. La vida es una travesía que no hace falta completar para que sea plena, basta con llegar bien al punto donde nos toque detenernos.

El viaje queda inconcluso si uno se detiene antes del destino; la vida no queda incompleta si se cierra con honestidad. A veces incluso conviene terminarla con decisión, sin esperar causas más graves, porque, en realidad, tampoco son las más graves las que nos retienen.

Recuerdo a Tulio Marcelino, a quien conociste bien: un hombre sereno, envejecido prematuramente. Aquejado por una enfermedad larga y molesta —no incurable, pero sí constante—, comenzó a preguntarse si debía darse la muerte. Reunió a sus amigos. Algunos, movidos por su propia cobardía, le aconsejaban lo que ellos mismos habrían hecho;

otros, deseosos de agradarle, solo buscaban decirle lo que creían que quería oír.

Pero un estoico, hombre de gran virtud y temple, habló con sabiduría: «No te atormentes, Marcelino, como si deliberaras sobre algo enorme. No es gran cosa la vida: también viven los sometidos y los animales. La verdadera proeza está en morir con prudencia, fortaleza y dignidad. Piensa cuánto tiempo llevas repitiendo lo mismo: comer, dormir, buscar placer… ¿No te parece suficiente? El deseo de morir no nace solo del dolor o la desgracia, sino también del hartazgo».

Marcelino no necesitaba palabras, sino ayuda. Sus sirvientes temían asistirle. El estoico los tranquilizó: el peligro solo existe cuando la muerte del señor no parece voluntaria. Luego le recordó a Marcelino que sería noble agradecer a sus fieles sirvientes con algún obsequio, como quien reparte al final de la cena las sobras a quienes le acompañaron. Marcelino, de espíritu generoso, así lo hizo: repartió pequeños regalos y los consoló.

Después, sin violencia ni espada, decidió ayunar tres días. Mandó colocar una bañera en su habitación y se sumergió en el agua caliente, que se vertía sin cesar. Poco a poco se fue debilitando, con una sensación casi placentera, semejante al desvanecimiento suave de quien se entrega al sueño. Así se apagó, sin dolor, con dulzura.

Este ejemplo, Lucilio, no es solo edificante, sino también útil: a veces la necesidad nos exige morir y, sin embargo, nos resistimos. Todos sabemos que vamos a morir, y aun así, cuando llega la hora, temblamos y

lloramos. ¿No es tan absurdo lamentar no haber vivido
hace mil años como llorar por no vivir dentro de mil?
Ambos tiempos no nos pertenecen.

Todo lo que vive está sujeto a la misma ley, irás a
donde van todas las cosas. No esperes que tus súplicas cambien las decisiones de los dioses, son firmes
y eternas. Lo que les ocurrió a tus padres, a tus antepasados, a todos los que te precedieron, te ocurrirá
también a ti. Miles mueren ahora mismo, mientras
tú temes hacerlo. ¿Qué camino no tiene final?

Ni siquiera citaré a grandes hombres, sino a
un niño espartano. Cautivo y obligado a realizar
una tarea servil —traer un recipiente lleno de inmun-
dicias—, se negó a obedecer y se golpeó la cabeza
contra la pared hasta morir, cumpliendo su palabra:
«No seré esclavo».

¿Tan cerca está la libertad y seguimos siendo
esclavos? ¿No preferirías que tu hijo muriera así, libre, antes que envejecer siendo un cobarde? La
muerte valerosa está al alcance de todos, incluso de
los niños. Si no quieres seguir el camino, la vida te
empujará igualmente. Sé dueño de algo que te pertenece, el modo de morir.

¿Qué te retiene? ¿Los placeres? Ya los has ago-
tado todos. No te queda ninguno nuevo. Has probado el vino y el mulso, la ostra y el salmonete.
Ninguno te sorprenderá. ¿Los amigos? ¿Acaso sabes
ser amigo? ¿La patria? ¿Le has dado tanto que te
cuesta dejarla? ¿El sol? Si pudieras, lo apagarías. No
es el amor a la vida lo que te detiene, sino el miedo a
dejar de poseerla.

Temes morir, pero ¿vives de verdad? ¿No es tu existencia una muerte prolongada? Un día, el emperador Cayo César, al pasar por la Vía Latina, oyó a un preso anciano suplicarle que ordenara su ejecución. César respondió: «¿De verdad ahora vives?». Lo mismo podríamos decir a muchos: temen morir, pero hace tiempo que dejaron de vivir.

Algunos dirán: «Quiero seguir viviendo, cumplo con mis deberes, hago el bien». Y yo les responderé: morir también es uno de los deberes de la vida. No se trata de cuántos deberes cumplas, sino de hacerlo con acierto, incluso en el último acto.

Toda vida es breve, incluso la más larga. Si la comparas con la eternidad, hasta la de Néstor o la de Satia —que presumía de haber vivido noventa y nueve años— son insignificantes. Como en una obra de teatro, lo que importa no es cuánto dura, sino cómo se representa. No interesa en qué punto termina, sino que termine bien.

Termina, pues, donde quieras, Lucilio, pero asegúrate de hacerlo con un buen final.

Cuídate.

Carta 78

SOBRE EL VALOR EN LA ENFERMEDAD Y ANTE LA PERSPECTIVA DE LA MUERTE

Tus catarros persistentes y esas fiebres leves, hijas de resfriados mal curados, me entristecen más de lo que te imaginas, porque las conozco bien. De joven

las ignoré, confiado en la fortaleza de la edad...
hasta que me agotaron. Acabé consumido por un
mal interminable. Varias veces pensé en poner fin a
mi vida; me detuvo la vejez de mi buen padre. No
fue mi valor para morir lo que sopesé, sino sus fuerzas para sobrevivirme. Entonces me impuse el deber
de vivir. A veces, vivir ya es un acto de firmeza.

Quiero contarte qué me sostuvo. Pero antes te
digo que pensar bien es curativo. La reflexión obra
como medicina; todo lo que eleva el ánimo alivia
también al cuerpo. A la filosofía le debo mi restable-
cimiento; sin exagerar, le debo la vida. Y también a
los amigos, por sus ánimos, su cuidado y su conversación. Nada reconforta tanto al enfermo ni mitiga
tanto el miedo a morir como el afecto de los suyos.
Sentía que no moría del todo mientras ellos vivían.
Era como entregarles el alma, sin perderla. Esa idea
me ayudó a resistir. Triste sería renunciar a morir...
y también a vivir.

Pasemos a lo práctico. El médico te dirá cuánto
debes andar, qué ejercicios hacer, que no cedas a la
pereza de un cuerpo débil; que leas en voz alta para
despejar el pecho; que remes con suavidad para me-
cer las vísceras; qué comer y cuándo tomar vino para
fortalecer o abstenerte si irrita la tos. Yo, en cambio,
te receto un remedio que vale para todas las dolencias: desprecia la muerte. Nada resulta insoportable
cuando no la tememos.

Tres cosas agravan cualquier enfermedad: el
miedo a morir, el dolor y la privación de los placeres.
Del miedo ya hemos hablado; solo añado esto, que no

nace de la enfermedad, sino de la condición humana. Muchos sanaron porque creyeron que morían. No mueres por estar enfermo, sino por estar vivo. Si sanas, habrás escapado de la dolencia, no de la muerte.

En cuanto al dolor, sus cimas son breves. Nadie soporta mucho tiempo un sufrimiento extremo. La naturaleza, compasiva, nos ha hecho de tal modo que el dolor sea o soportable o corto. Los más agudos se concentran en zonas pequeñas —nervios, articulaciones—; si arrecian del todo, entumecen los sentidos y los apagan. Por eso siempre hay respiros entre las crisis. La primera punzada atormenta, luego el ímpetu se afloja y el final suele traer una especie de adormecimiento. Incluso la jaqueca más feroz termina volviéndose torpeza o sueño. Es un consuelo duro, pero cierto: si el dolor es máximo, no dura.

El ignorante sufre doblemente, porque solo ha cuidado su cuerpo. El sabio, en cambio, atiende ante todo a su parte superior y divina —el alma—, y a la otra —quejosa y frágil— solo lo necesario.

«Pero cuesta renunciar a los placeres: ayunar, tener sed, pasar hambre». Es cierto, es duro al principio, pero luego el deseo se fatiga y muere. No duele carecer de lo que ya no se ansía. Añade que todo dolor se interrumpe o se atenúa; que suele avisar, y ese aviso nos da tiempo para prepararnos y resistirlo. Se soporta mejor cuando se ha despreciado de antemano lo peor que puede traer.

No agrandes tú mismo el mal con lamentos. El dolor se hace ligero si no lo alimentamos con nuestro juicio. Si, en cambio, te dices: «No es nada, o es poco, aguantemos, pasará», ya lo estás aliviando. La opinión pesa, y uno es tan desdichado como cree serlo.

Corta de raíz dos hábitos: rumiar los dolores pasados y temer los futuros. Lo de ayer ya no te toca; lo de mañana aún no ha llegado. En medio, repite: «Quizá un día me alegrará recordar esto». Planta cara; porque, si cedes, te vence; si resistes, vences. Mira a los atletas cuántos golpes reciben, y no solo en combate, su entrenamiento ya es un suplicio. También nosotros debemos superar los obstáculos, y no buscamos la palma ni el clarín, sino la virtud, la firmeza y una paz duradera cuando, al menos una vez, derrotemos a la fortuna.

«Pero el dolor arrecia», dirás. ¿Y no arrecia también cuando lo soportas con queja? Como el enemigo cuando hiere más al que huye, la desgracia acosa al que se entrega. «Es pesado», insistirás. ¿Y pretendes templar la fortaleza con cargas ligeras? ¿Prefieres una enfermedad larga o una breve pero intensa? Si es larga, alterna y da treguas; tras el pico llega la calma. Si es corta y fuerte, o cesa ella o cesas tú. En ambos casos, fin del dolor.

Será provechoso que distraigas a tu mente. Repasa tus buenas obras, convoca los ejemplos que admiraste por encima de todo. Recuerda a quien, mientras le abrían las varices, seguía leyendo; o al que, entre potros y hierros al rojo, ni lloró, ni suplicó, y hasta rio. ¿No podrá la razón con lo que pudo la risa?

«La enfermedad me aparta de mis tareas». Del cuerpo, sí; del alma, no. Impide los pasos del corredor y la mano del artesano, pero no la acción del espíritu.

Aun enfermo, puedes aconsejar, enseñar, escuchar, aprender, indagar, recordar. ¿Te parece poco mérito ser un enfermo apacible? Mostrar que la enfermedad se domina —o al menos se soporta— es una gran obra. También en el lecho hay lugar para la virtud. No solo el campo de batalla revela al valiente, también lo hace su serenidad ante el dolor.

Combate, pues, con firmeza tu mal. Si no logra nada contigo, ni por violencia ni por halago, habrás dado un ejemplo admirable. ¡Qué gloria saber mirarse enfermo sin abatirse! Mírate... y felicítate.

Hay, además, dos tipos de placer. Los del cuerpo, la enfermedad los restringe, aunque a veces también los intensifica; el agua sabe mejor al sediento, y la comida al hambriento. Los del alma —más nobles y seguros— ningún médico los prohíbe; quien los cultiva desprecia los halagos de los sentidos.

¿Y habría que compadecer al enfermo porque no enfría el vino con nieve, no rompe el hielo en copas enormes, no le abren ostras del Lucrino ni le rodean los fogones del comedor para servirle platos humeantes? Comerá solo lo que pueda digerir, nada más. No le ofrecerán un jabalí rechazado de la mesa por exceso ni montones de pechugas deshuesadas para fingir refinamiento. ¿Dónde está el daño en eso? Comerá con moderación, como conviene a un enfermo... o, por una vez, como debería hacerlo cualquier hombre sano.

Todo esto se sobrelleva con facilidad cuando cesa el miedo a morir. Y ese miedo cesa cuando comprendemos qué es el bien y qué es el mal. Solo entonces ni la vida nos cansa ni la muerte nos espanta. El tedio no nace de la vida activa y elevada, sino del ocio vacío. La verdad no aburre, aburre el engaño.

Y si la muerte se acerca —ya sea pronto, ya sea a mitad del camino—, el fruto de una vida buena cabe en poco tiempo. Quien ha comprendido la naturaleza y sabe que la honestidad no crece con los años no mendiga más días. Solo quienes miden su vida por placeres insaciables la sienten siempre corta.

Anímate con estas ideas y, mientras tanto, lee mis cartas. Llegará el día del reencuentro; sea largo o breve, lo haremos largo sabiendo vivirlo bien. Como decía Posidonio: «Un solo día de un hombre sabio vale más que la larga vida de un ignorante».

Hasta entonces, guarda esta doble norma: no te rindas en la adversidad ni te confíes en la prosperidad. Espera de la fortuna todas sus mudanzas, seguro de que cuanto pueda intentar, lo intentará. Lo previsto de antemano, cuando llega, duele menos.

Cuídate.

Carta 82

SOBRE LOS FALSOS SILOGISMOS DE ZENÓN
SOBRE LA MUERTE

Ya no me inquietas, Lucilio. «¿Y a qué dios has puesto por fiador?», preguntas. Al único que no engaña, a ese espíritu interior enamorado de lo recto y de lo bueno. Tu parte más noble está a salvo. La fortuna podrá golpearte, pero lo esencial es que no te hieras a ti mismo. Mantente firme en el camino iniciado, sin titubeos ni blandura.

Prefiero que me vaya «mal» —mal en el sentido común: difícil, áspero, exigente— antes que vivir entre comodidades. A algunos se les elogia diciendo que «viven con delicadeza»; pero en realidad se les está llamando frágiles. La ociosidad reblandece, apaga el carácter y adormece la voluntad. ¿No es mejor templarse en la dificultad? Los débiles temen la muerte porque ya viven como muertos, entre la inercia y el sepulcro hay menos distancia de la que parece.

«Entonces», dirás, «¿no es preferible la quietud a la vorágine de ocupaciones inútiles?». Tan dañina es la agitación como la pasividad. El que se agota en mil tareas sin sentido y el que vegeta entre perfumes están igualmente perdidos, la inacción sin pensamiento es otra forma de muerte.

¿De qué sirve esconderse? Al otro lado del mar te aguardan los mismos miedos. ¿Dónde no llega el temor a morir? ¿En qué retiro no duele el dolor? Los males nos asedian por fuera, tentando o golpeando, y por dentro, ardiendo en silencio.

La filosofía debe alzarse en torno a nosotros como una muralla que ningún ariete de la fortuna pueda derribar. El alma que renuncia a los falsos bienes se eleva a una altura inexpugnable, y los dardos de la desgracia caen antes de alcanzarla. La fortuna no tiene brazos largos, solo hiere a quien se le entrega.

Apártate de ella cuanto puedas. Y eso exige conocerte a ti mismo y conocer la naturaleza: saber de dónde vienes y adónde vas, qué es bien y qué es mal, qué debes buscar o evitar, con qué criterio juzgar y con qué remedio curar las pasiones y los temores.

Muchos creen haber alcanzado esa sabiduría sin ayuda de la filosofía, pero basta una prueba para desmentirlos, porque cuando el verdugo exige la mano, cuando la muerte se acerca, las frases solemnes se deshacen. Entonces, sí, se ve quién es valiente. Ahora —como dijo Eneas— es el momento del valor; ahora hace falta un corazón firme y esforzado. Y ese valor no nace de palabras ingeniosas, sino de la práctica del espíritu; de haberse preparado de verdad para morir, no de repetirse como consuelo que «la muerte no es un mal».

Me entretienen esas sutilezas griegas, pero no les confío mi fortaleza. Zenón razona: «Ningún mal es glorioso; la muerte es gloriosa; luego, la muerte no es un mal». Un triunfo lógico, y nada más. ¿Crees que por una cadena de silogismos ofreceré el cuello? El propio Zenón opuso otra: «Nada indiferente es glorioso; la muerte es gloriosa; luego, no es indiferente». El error está en confundir la muerte con la forma de morir. La muerte, en sí, no tiene gloria; la gloria está en el ánimo que la afronta.

Conviene precisarlo. Hay cosas que son indiferentes, es decir, ni buenas ni malas por naturaleza —la enfermedad, el dolor, la pobreza, el destierro o la muerte—. Ninguna es gloriosa por sí misma, pero ninguna gran gloria se alcanza sin atravesar alguna de ellas.

No elogiamos la pobreza, sino al que no se humilla ante ella; no celebramos el exilio, sino al que parte con dignidad; no admiramos el dolor, sino al que no se rinde; no glorificamos la muerte, sino al que la encara antes de temerla. La virtud ennoblece todo lo que toca. La misma muerte fue ilustre en Catón, vergonzosa en Bruto; uno murió entero, el otro temblando. Las acciones se iluminan o se oscurecen según el carácter de quien las ejecuta, como una estancia que se llena de luz o se apaga con la llegada de la noche.

Entre las cosas «neutras», sin embargo, hay grados. La muerte no es indiferente como contar cabellos pares o impares, es una «indiferente con apariencia de mal». Pesa en nosotros el instinto de vivir, el miedo a perder lo conocido, el terror al vacío. Las fábulas lo alimentaron con imágenes de sombras, cárceles subterráneas y ladridos del Cancerbero. Y aunque admitamos que son invenciones, muchos temen que «nada» y «Hades» sean lo mismo: una forma de inexistencia envuelta en misterio.

Con tales prejuicios arraigados, sostener la muerte con firmeza es, sin duda, un mérito glorioso. El alma no puede elevarse hacia la virtud si considera que la muerte es un mal; sí puede hacerlo si la entiende como un hecho natural. Nadie avanza con brío hacia lo que juzga dañino, se arrastra. Y lo que se hace con miedo no es una obra virtuosa, porque la virtud actúa siempre sin temor ni vacilación.

Por eso no retrocedas ante lo que el vulgo llama *mal*. Avanza con serenidad y firmeza. Para ello debes arrancar de raíz la opinión que te detiene; si no la eliminas, te arrastrará justo cuando deberías dar un paso adelante.

Sé que los nuestros intentarán salvar el razonamiento de Zenón y refutar el contrario, pero yo no someto estos temas a la dialéctica ni a ese ingenio que vence con trampas. No quiero discutir para ganar, sino para fortalecer el ánimo; y frente al miedo, prefiero la valentía a los juegos de lógica.

Imagina a un general que conduce a sus soldados hacia una batalla de la que quizá no regresen. ¿Qué podría decirles para animarlos? ¿Les hablará de silogismos sobre el mal y la gloria? No, la elocuencia inútil no enciende el valor. Leónidas arengó así a los suyos: «Comed pensando que cenaréis en el Hades». Y un cónsul romano añadió: «Hay que marchar hacia el lugar del que no es preciso volver». Esa sobriedad eleva el espíritu, los razonamientos lo enfrían.

No bastan los silogismos contra un monstruo tan grande como el miedo. A aquella serpiente africana que ni las flechas ni las espadas lograban herir, la abatieron con piedras de molino. Así también contra el terror de la muerte hacen falta armas pesadas; disciplina interior, mirada clara y ejercicio constante de desprecio hacia todo lo que no depende de nosotros.

Esa es la verdadera medicina: una filosofía que fortalezca el ánimo, no artificios del ingenio. Solo entonces la muerte, el dolor y la pobreza dejan de gobernarnos y se convierten en materia para la virtud.

Cuídate.

Carta 83

SOBRE LA VIDA COTIDIANA Y
EL DOMINIO DE SÍ MISMO

Me pides que te cuente que hago cada día y cada hora. Buen concepto tienes de mí si crees que en mis días no hay nada que deba esconder. En efecto, deberíamos vivir como si todos pudieran vernos y pensar como si alguien pudiera leernos por dentro. Y sí, hay alguien que puede hacerlo. ¿De qué sirve ocultarse de los hombres si nada se oculta a quien todo lo ve?

Cumplo tu petición y al hacerlo me observo a mí mismo, que es el ejercicio más útil de todos. Erramos porque rara vez miramos hacia atrás; planeamos el porvenir, pero apenas revisamos lo vivido.

Hoy he tenido un día pleno: no me han robado ni un instante. He repartido el tiempo entre descanso y la lectura, apenas he concedido algunos momentos al ejercicio. La vejez tiene esta ventaja, pues el menor movimiento me fatiga. En el fondo, la fatiga es ya, incluso para los más vigorosos, la meta del ejercicio.

¿Entrenador? Me basta con Fario, mi esclavo, amable y, como sabes, veterano... aunque pronto tendré que reemplazarlo por uno más joven. Dice que a los dos «se nos caen los dientes», y tiene razón, pero a duras penas logro alcanzarlo al correr. Así se ve el paso del tiempo: él mejora, yo me debilito; y, entre subir y bajar, lo segundo corre más deprisa. Yo no desciendo, me desplomo.

¿El resultado de la carrera de hoy? Algo inusual en la pista, hemos ganado los dos. Después me bañé en agua «fría», que para mí ya significa tibia. Yo, que antes saludaba al canal en pleno enero y estrenaba el año leyendo, escribiendo, declamando y zambulléndome en el Agua Virgen, acabé mudándome primero al Tíber y hoy a una bañera que, si hay suerte, el sol templa. Me queda poco para los baños calientes.

Luego, pan seco y un almuerzo sin ceremonia; ni siquiera hizo falta lavarme las manos. Dormí una siesta breve, pues mi sueño es más pausa que descanso. A veces sé que he dormido; otras, solo lo imagino.

A lo lejos resuena el clamor del circo, un bramido único formado por mil voces. No me distrae; lo soporto como el viento entre los árboles o el romper de las olas. ¿En qué pienso? Desde ayer le doy vueltas a esto: por qué algunos sabios, siendo profundos, ofrecen para las verdades más altas razonamientos tan retorcidos que parecen falsos incluso cuando son verdaderos.

Zenón, nuestro fundador —vigoroso y venerable—, quiso apartarnos de la embriaguez con este argumento: «A un ebrio nadie le confía un secreto; al hombre de bien, sí; luego, el hombre de bien no es ebrio». Fácil ridiculizarlo con otro semejante: «A quien duerme nadie le confía un secreto; al hombre de bien, sí; luego, el hombre de bien no duerme».

Posidonio trató de defender a Zenón distinguiendo entre el ebrio momentáneo y el habitual. Pero su respuesta no es convincente, porque el razonamiento original se refiere al que está ebrio en ese momento, no al que suele estarlo. Además, si Zenón quiso decir una cosa y nos hizo entender otra, cayó en una ambigüedad impropia de quien busca la verdad.

Y aunque concedamos veracidad a su interpretación, la conclusión no se sostiene. A menudo se han confiado secretos a hombres dados al vino. Piensa en la conjura contra Cayo César, el que se adueñó de la república tras Pompeyo: Tilio Cimbro, bebedor y pendenciero, y Cayo Casio, abstemio, guardaron ambos el secreto. También Lucio Pisón, prefecto de Roma, noctámbulo y amante de la copa, cumplió siempre con diligencia; Augusto y Tiberio le confiaron asuntos reservados. Y Coso, sobrio de juicio, aunque no de vino, recibió cartas escritas de la propia mano de Tiberio sin que se le escapara palabra.

Dejemos, pues, los juegos de lógica. Mejor hablemos con claridad y sin enredos contra la embriaguez, mostrando su fealdad. El sabio apaga su sed y, si por cortesía la fiesta se prolonga, se detiene antes del exceso.

¿Quieres demostrar que un hombre virtuoso no debe embriagarse? No lo compliques, basta con recordar lo indecoroso que es beber más de lo que el cuerpo admite, perder la medida del propio límite, cometer torpezas que el sobrio lamenta y caer en una locura voluntaria. Si la embriaguez durara varios días, nadie dudaría de la demencia del bebedor, solamente parece menor porque es breve.

Piensa en Alejandro, atravesó con su lanza a Clito, su amigo más leal, durante un banquete. Cuando volvió en sí, quiso morir —y quizá debió hacerlo—. El vino derriba el pudor, que es el último dique. Muchos no se abstienen del mal por virtud, sino por vergüenza; y el vino derrite esa vergüenza. Entonces el lujurioso no espera el lecho, el impúdico confiesa su llaga, el deslenguado suelta lengua y mano, el soberbio se infla, el violento se enciende, el envidioso destila veneno. Cualquier vicio aflora.

A eso se suma la pérdida de sí, el habla pastosa, la mirada torva, el paso incierto, el vértigo, el estómago revuelto… y el vino que, corrompido en el sueño, convierte la embriaguez en indigestión.

Mira lo que el vino ha hecho con pueblos enteros: guardias rendidos, puertas abiertas, ciudades tomadas no en combate sino en banquete. Alejandro soportó campañas, inviernos y mares desconocidos; lo venció, no un ejército, sino una copa. ¿Y qué gloria hay en jactarse de «aguantar más»? Si derrotas a todos los comensales, al final te vence el tonel.

¿Y Marco Antonio? Noble por naturaleza, se perdió por dos borracheras: la del vino y la de Cleopatra. Ambas lo hicieron enemigo de su patria y verdugo de los suyos; pedía cabezas durante la cena y, copa en mano, reconocía a los proscritos. Ya era indigno que bebiera, pero aún más que bebiera mientras hacía eso.

Casi siempre la embriaguez engendra crueldad; pudre y exaspera la razón. Como la enfermedad prolongada vuelve huraño al enfermo, el hábito de embriagarse irrita el alma. La locura se fortalece, y los vicios que el vino despierta persisten incluso sin él. Todo esto muestra, con hechos y no con palabras, por qué el sabio no debe embriagarse, porque el placer que excede el límite se vuelve tormento.

Si afirmas que «aunque el vino corra en abundancia, el sabio no se embriaga y camina derecho aun ebrio», podrías decir también que el veneno no lo mata, el narcótico no lo adormece o el eléboro no lo purga. Si las piernas flaquean y la lengua se traba, ¿qué queda de sobriedad? ¿Un sabio sobrio de cintura para arriba y ebrio de cintura para abajo? No, la medida es la misma para todos. Beber con moderación es la única norma. El sabio no presume de resistir el exceso, lo evita. Así, ni su lengua ni su juicio ni su conciencia tropiezan.

Cuídate.

Carta 84

SOBRE EL APRENDIZAJE Y LA UTILIDAD DE ESCRIBIR

Estos viajes que me apartan del tedio me sientan bien, tanto al cuerpo como al espíritu. Lo notarás en mi salud. Como mi amor por los libros tiende a volverme sedentario, dejo que el camino me obligue a moverme. El viaje me renueva físicamente y, al mismo tiempo, estimula mi mente. No he abandonado la lectura, la llevo conmigo.

Leer es necesario, pero no quiero contentarme solo con lo que yo mismo escribo. La lectura me mantiene al día de los descubrimientos ajenos y me impulsa a pensar en lo que aún ignoro. Nutre y despierta el ánimo cansado, aunque también exige esfuerzo.

Sin embargo, no basta con leer, como tampoco basta con escribir. Si solo escribes, agotas tus fuerzas;

si solo lees, las debilitas. Es preciso alternar ambas cosas, que la escritura condense lo que la lectura ha reunido.

Conviene imitar a las abejas, que van de flor en flor, eligen lo que les conviene y, ya en la colmena, ordenan y transforman el néctar hasta colmar los panales. No discutiré si la miel nace hecha en las flores o si las abejas la elaboran mezclando diversos jugos, lo importante es la enseñanza. También nosotros debemos reservar lo que tomamos de nuestras lecturas, pues se conserva mejor si no se mezcla enseguida y, tras un tiempo de reposo y reflexión, fundirlo en un sabor propio. Que se adivine el modelo, si se quiere, pero que ya no sea una copia.

La naturaleza hace algo semejante en nosotros. Mientras el alimento conserva su forma original en el estómago, no sirve de nada, entorpece la digestión. Solo cuando se transforma puede convertirse en energía y sangre. Si lo que absorbemos por la mente lo conservamos tal cual, sin hacerlo nuestro, será solo un peso de memoria, no una fuente de comprensión.

Asimila, transforma lo aprendido. De lo mucho que recibes, destila una sola esencia. Que el alma oculte los préstamos y muestre, al fin, lo que verdaderamente le pertenece.

Sé que la admiración deja en nosotros huellas del maestro, y está bien que así sea. Pero que se noten como en un hijo, no como en un retrato. El retrato permanece inmóvil; el hijo, en cambio, vive y transforma lo heredado. Un gran escritor puede tomar de muchos, pero imprime en todo su propio sello, hasta volver irreconocible el origen.

Piensa en un coro: voces graves, medias y agudas, timbres masculinos y femeninos, flautas y metales. Todo distinto y, sin embargo, una sola armonía. Así debe ser nuestro espíritu, formado por muchas enseñanzas y ejemplos de diferentes tiempos, pero guiado por un único propósito.

¿Y cómo se alcanza esa unidad? Con constancia, y dejando que la razón dirija tanto nuestras acciones como nuestras renuncias. Si la escuchas, te aconsejará apartarte de lo que todos persiguen: las riquezas que pesan o ponen en peligro a quien las lleva; los placeres que ablandan y debilitan; y la ambición, esa hinchazón vacía que necesita tener siempre a alguien delante y una comparación al costado. Doble desdicha la de ser envidiado y al mismo tiempo envidiar.

¿Ves esos palacios donde se amontonan los saludos a la puerta? Hay que inclinarse para entrar, y más aún una vez dentro. Esas escaleras brillan, pero resbalan. Sube por otro camino, por el de la sabiduría. Sus bienes son tranquilos y verdaderamente espléndidos.

Todo lo que parece sobresalir en los asuntos humanos, por grande que sea, solo lo es en comparación con lo ínfimo, y se alcanza por senderos duros y pedregosos. La cima de la dignidad es ardua, pero si te atrae esa altura ante la que la fortuna se inclina, verás bajo tus pies lo que otros consideran grande. Y lo más admirable es que habrás llegado por un camino

llano, por el de la razón, que une, depura y conduce
—sigilosamente— hacia la paz de lo más alto.

Cuídate.

Carta 86

SOBRE EL ELOGIO A ESCIPIÓN

Te escribo desde la quinta de Escipión el Africano. He
rendido homenaje a su memoria junto al altar que, sospecho, guarda su tumba. Estoy convencido de que su
espíritu regresó al cielo del que vino, no por sus victo-
rias militares —también Cambises tuvo ejércitos y los
usó con brutalidad—, sino por su moderación y su
amor a la patria. Admirable sobre todo cuando eligió
retirarse antes que doblegar las leyes: o Escipión permanecía en Roma, o Roma conservaba su libertad.

«Que el derecho sea igual para todos», dijo. «Sír-
vete, patria, de mis servicios, pero sin mi presencia.
He sido prueba de tu libertad; me aparto si mi nombre te pesa más de lo que te conviene». Así libró a la
ciudad de su propio conflicto; para que no quedara
herida ni la libertad por Escipión, ni herido Escipión
por la libertad. Se retiró a Literno, dispuesto a que la
República contara su exilio con el mismo orgullo
con que contaba el de Aníbal.

He recorrido su finca: muros de piedra bien labrada, torres sobrias a cada lado, una cisterna oculta
capaz de abastecer a un ejército y un caldario pequeño
y oscuro, como mandaba la antigua costumbre, pues
para nuestros mayores el calor pedía penumbra. Me

ha complacido comparar aquellas costumbres con las nuestras. Aquí, el «terror de Cartago», el hombre que logró que Roma solo fuera conquistada una vez, se lavaba el sudor después de trabajar la tierra con sus propias manos. Vivía bajo un techo modesto y pisaba suelos sencillos.

Y ahora, ¿quién soporta bañarse sin mármoles de Alejandría, sin incrustaciones númidas, sin paredes que brillen como espejos, sin cascadas que rugen en salas adornadas con columnas que no sostienen nada? Hemos llegado al punto de no querer caminar si no es sobre piedras preciosas.

En la sala de Escipión apenas hay rendijas por donde entra la luz: se hicieron así por seguridad. Hoy, en cambio, llamamos «cueva de cucarachas» a cualquier baño que no sea un salón abierto al sol, donde uno no pueda bañarse y broncearse al mismo tiempo, o contemplar desde la bañera el campo y el mar. Lo que ayer causaba admiración por su novedad, hoy lo despreciamos como anticuado, el lujo solo sabe superarse a sí mismo.

Antes los baños eran pocos y sin ornamentos. ¿Para qué embellecer lugares públicos abiertos a todos por un precio insignificante, pensados para la necesidad y no para el espectáculo? El agua no brotaba del fondo ni corría continuamente como una fuente termal; a nadie le importaba si era transparente el agua donde se quitaba el sudor y la suciedad. ¡Qué placer sería entrar en aquellos baños toscos, sabiendo que Catón edil, o Fabio Máximo, o un Cornelio habían regulado con su propia mano la temperatura del agua!

Los antiguos ediles, hombres nobles y austeros, inspeccionaban los baños públicos para asegurar su limpieza y la temperatura adecuada, no esta novedad nuestra de hornos tan encendidos que servirían para asar a un esclavo. Parece que hemos olvidado la diferencia entre calentar y abrasar.

Algunos tacharán de rústico a Escipión porque no inundaba de sol su caldario ni tenía la costumbre —tan moderna— de «hacer la digestión en el baño». Dirán: «¡Pobre hombre no supo vivir!». Se lavaba con agua filtrada... cuando la había; y con agua turbia, casi fangosa, cuando llovía. Pero no iba a perfumarse, iba a limpiarse el sudor, no los ungüentos. Y no, no se bañaba cada día. Cuentan que en su tiempo el pueblo se lavaba a diario brazos y piernas —las partes que ensuciaba el trabajo—, y todo el cuerpo cada nueve días. ¿Eran sucios? Olían a milicia, a esfuerzo, a hombre. Desde que inventamos los baños elegantes, los hombres están más sucios... aunque mejor perfumados.

Horacio, al describir a un libertino, escribió: «Buccilo huele a pastillas». Hoy Buccilo olería a macho cabrío, si no se untara dos o tres veces al día con nuevos perfumes. Y hay quien presume de su aroma como si brotara de su propia piel.

Si el tono te suena severo, échale la culpa a esta casa. Aquí Egíalo, su prudente dueño, me ha enseñado que un olivo puede trasplantarse incluso viejo. Buena lección para nosotros, los viejos, que ya plantamos para otros.

Yo mismo he visto trasplantar olivos de tres o cuatro años, y todos han prendido con fruto digno. Virgilio escribió, con su elegancia habitual —pues no pretendía instruir a los campesinos, sino deleitar a sus lectores—, que en primavera se siembran las habas y el mijo al mismo tiempo. Pero hoy, ya entrado junio y casi en julio, he visto segar las habas y sembrar el mijo en el mismo día. Corrijo, pues, con respeto: no van exactamente al compás.

En cuanto al trasplante del olivo, he observado dos métodos. En el primero, se cortan las ramas de los árboles grandes, dejando apenas un pie, y se trasladan con su bulbo; se amputan las raíces viejas y se conservan solo los brotes nuevos, para que arraiguen mejor. Antes de enterrarlos, se raspa el bulbo, de lo raído nacen más raíces. El tronco debe sobresalir tres o cuatro pies, para que brote por debajo y no se seque la madera, como sucede en los olivares envejecidos.

El segundo método consiste en plantar estacas vigorosas, de corteza tierna, propias de árboles jóvenes. Echan raíces más lentamente, pero al ser de vivero, crecen limpias y proporcionadas.

También he visto trasplantar vides viejas, levantándolas con el mayor número posible de raíces y extendiéndolas bien, para que incluso la cepa emita nuevas raíces. Algunas se trasplantan pasada ya la primavera, en marzo avanzado, y luego se sujetan a los olmos que las sostendrán.

Una última nota de Egíalo: los árboles de tronco alto conviene regarlos con agua de cisterna, porque, si esta agua es buena, puede administrarse como si la lluvia obedeciera al deseo.

No te doy más lecciones; no quiero que me ocurra como a Egíalo, que por enseñar tanto casi se ganó mi antipatía. Aquí me quedo, entre la sobriedad de Escipión y la paciencia de los árboles, de ambos se aprende lo esencial.

Cuídate.

Carta 87

SOBRE LA RIQUEZA Y LA POBREZA

He naufragado antes de subir a la nave. No te explicaré aún cómo, para que no pienses que recurro a esas paradojas estoicas que parecen absurdas al principio, pero que, al examinarse con calma, revelan su verdad.

Por ahora, solo quiero contarte lo que este viaje me ha enseñado: cuántas cosas son superfluas y lo fácil que sería prescindir de ellas si lo hiciéramos por reflexión y no por necesidad. Porque cuando la necesidad nos arrebata algo, descubrimos que en realidad no lo hemos perdido, simplemente comprendemos que no lo necesitábamos.

Con pocos sirvientes —los suficientes para caber en un solo carruaje— y con nada más que lo que llevamos encima, mi querido Máximo y yo vivimos muy bien desde hace dos días. Dormimos en el suelo, sobre un colchón; una capa me sirve de sábana y otra de abrigo. La comida no tiene lujos que suprimir, se prepara en menos de una hora. Nunca faltan los higos secos ni las tablillas de escribir. Los primeros son mi pan o mi condimento, según el día; las segundas me dan, cada jornada, un nuevo comienzo, pues me ayudan a convertir el tiempo en pensamiento, y el pensamiento en serenidad.

Nada ennoblece tanto el alma como librarse de las preocupaciones externas y alcanzar la paz, apartando los temores, los deseos y la obsesión por la riqueza.

El vehículo en que viajo es rústico; las mulas avanzan despacio y el mulero va descalzo, no por pobreza, sino por costumbre. Aún me cuesta aceptar que este carruaje sea mío. Persiste en mí cierta vergüenza hacia la sencillez, una vergüenza mal entendida. Cada vez que me cruzo con una comitiva lujosa, siento un rubor involuntario. Y eso me recuerda que los principios que apruebo aún no han echado raíces del todo. Quien se avergüenza de lo humilde, tarde o temprano acabará enorgulleciéndose de lo ostentoso.

He avanzado poco, Lucilio. Aún no me atrevo a mostrar abiertamente mi frugalidad y sigo pendiente de lo que piensan los demás.

A veces querría gritar a todos los que viven esclavos del lujo: «¡Os engañáis! ¡Os deslumbran las apariencias! Nadie vale por lo que posee, sino por lo que es. Sabéis calcular con precisión rentas, deudas y favores, pero nunca la rectitud. Decís: "Tiene muchas tierras", sin recordar que también tiene muchas deudas; "posee una bella mansión", sin pensar que la compró con dinero ajeno; "dispone de siervos encantadores", sin ver que no puede pagarles. Si liquidara todo lo que debe, no le quedaría nada».

Llamáis rico al que viaja con vajilla de oro, al que tiene fincas en todas las provincias, al que lleva un libro de cuentas tan grueso como un ejército. Pero sigue siendo pobre, porque lo debe todo. ¿Qué importa que las mulas sean del mismo color o que el carruaje esté cubierto de relieves? Nada de eso ennoblece a las bestias ni mejora al dueño.

Marco Catón, el Censor —tan necesario para la República como Escipión—, viajaba a caballo, con las alforjas llenas de provisiones. ¡Cuánto me gustaría verlo cruzarse con esos petimetres que hoy desfilan por las calles rodeados de criados númidas, mensajeros y nubes de polvo! A su lado, Catón habría parecido el más elegante precisamente por su austeridad.

Así era la Roma fuerte de otros tiempos. Cuando un general, un triunfador o un censor, y más aún un Catón, se contentaba con un solo caballo y un equipaje colgado a los costados. Hoy admiramos los caballos engalanados y los carros relucientes, pero ¿no era más valioso aquel caballo sencillo que adquiría brillo por la dignidad de su jinete?

No quiero detenerme demasiado en hablar de estos carruajes, aunque quien los llamó *impedimenta* —palabra que significa «estorbos» o «cargas»— los definió con gran acierto. Prefiero compartir contigo algunas reflexiones sobre la virtud, que —como bien sabes— consideramos suficiente por sí sola para alcanzar una vida realmente feliz.

Lo que es verdaderamente un bien debe hacer mejor a quien lo posee, del mismo modo que lo bueno en la música —el conocimiento y la armonía— hace al músico más hábil y virtuoso. Pero las riquezas no mejoran a nadie; un hombre puede ser rico y seguir siendo injusto, codicioso o insensato. Por tanto, las riquezas no pueden considerarse un bien, porque no perfeccionan el alma ni hacen mejor al ser humano.

Los peripatéticos objetan que, en las artes, hay cosas buenas —como la flauta o la cuerda— que no hacen al músico. Pero confunden los instrumentos con el arte mismo, pues los utensilios sirven para ejecutar, no para ser. Así también, las riquezas pueden ser útiles para realizar ciertas acciones, pero no para mejorar el alma.

Además, si algo puede pertenecer al más vil —como el dinero al avaro o la herencia al corrupto—, no puede considerarse un bien moral. El oro en manos de un alcahuete sigue siendo oro, sí, pero pierde su nobleza, porque el vicio mancha todo lo que toca.

La virtud, en cambio, permanece pura y eleva al ser humano por encima de todo lo que la mayoría llama bienes o males. El sabio no necesita adornos ni honores, su valor habita en el alma.

Mira el mundo: cada tierra da su fruto. Tmolo produce azafrán, la India marfil, Arabia incienso, y Cálibes hierro. Del mismo modo, el bien supremo tiene también su terreno propio, el alma. Y si el alma no está limpia, no puede acoger en sí nada divino.

El bien no puede nacer del mal. Pero las riquezas con frecuencia nacen de la avaricia; por tanto, no pueden ser un bien. Algunos objetan que el hurto o el sacrilegio también pueden producir riqueza, y que, en consecuencia, de algo malo puede surgir algo bueno. Pero eso sería admitir que el crimen, además de malvado, puede ser en parte bueno. El delito se castiga a sí mismo, quien obra mal lleva en su interior la herida de su falta.

El bien no puede nacer de lo torpe, así como el higo no brota del olivo. Lo honesto y lo bueno son inseparables, no hay bondad sin integridad.

Algunos, sin embargo, dicen: «El dinero, aunque provenga de un sacrilegio, sigue siendo bueno, como el oro guardado en una urna donde también hay una víbora». Pero se equivocan, pues del oro puedo apartar a la víbora; del sacrilegio, en cambio, no puedo separar la ganancia del crimen. En ese caso, la ganancia es parte del mal.

Podemos añadir otro argumento: aquello que, para obtenerlo, nos hace cometer muchos males no puede ser un bien. Y al perseguir las riquezas, incurrimos en mil males. Los peripatéticos responden que también quien busca la virtud puede sufrir desgracias —naufragios, cárceles, pérdidas—, pero confunden causa con consecuencia. Los males que acompañan a la virtud no nacen de ella; los que acompañan a la riqueza, sí.

Posidonio lo explicó con acierto: las riquezas no son malas por su naturaleza, sino por los efectos que producen en el alma de quien las posee. No dañan por sí mismas, pero despiertan y alimentan las pasiones humanas. No matan como la espada, pero incitan al crimen; son la ocasión y el estímulo del mal. Actúan como una causa previa; no hieren directamente, pero provocan soberbia, envidia y arrogancia. No dan verdadera seguridad, sino una confianza temeraria; no inspiran grandeza, sino insolencia.

Por eso las riquezas no son bienes, sino trampas. Los bienes verdaderos son puros, tranquilos y ennoblecen sin inflar el orgullo. Las riquezas, en cambio, agitan, confunden y nos seducen con una falsa apariencia de bien.

Los peripatéticos objetan: «Si las riquezas no son bienes, tampoco serán comodidades». Pero confunden los términos: la comodidad no equivale al bien. Lo cómodo es relativo y puede mezclarse con incomodidades; lo bueno, en cambio, es absoluto y sin mezcla. Las comodidades sirven tanto a los animales como a los hombres vulgares; los bienes, solo al sabio.

Por su parte, los dialécticos discuten: «De muchas pobrezas se forman las riquezas; luego, de los males puede nacer el bien». Antípatro refuta con claridad este error: la pobreza no es una posesión, sino una carencia; no está hecha de cosas, sino de vacíos. No se puede llenar un vacío con más vacíos. La riqueza es abundancia, no una suma de privaciones.

Cuando tenga más tiempo, examinaré con detalle qué son en realidad la riqueza y la pobreza. Pero, aun sin entrar en esas disquisiciones filosóficas, prefiero que aprendamos algo más práctico, a hacer que la riqueza sea menos soberbia y que la pobreza resulte menos amarga, antes que perder el tiempo discutiendo sus límites o su definición.

Imagina que el Senado debatiera una ley para abolir la riqueza. ¿Crees que todos estos razonamientos convencerían al pueblo? No, sería más útil recordarle que Roma se hizo grande por su sobriedad y su disciplina, no por la abundancia de oro. La fortaleza de la antigua Roma nació de su sencillez y de su desprecio por el lujo. Las riquezas llegaron después, traídas por los pueblos conquistados, y con ellas entraron también los verdaderos males: la ambición desmedida, la corrupción de las costumbres y el desorden moral.

Es mejor aconsejar que teorizar. Si podemos, hablemos con valentía; y si no, al menos con sinceridad.

Cuídate.

Carta 88

SOBRE LA ENSEÑANZA DE LAS ARTES LIBERALES

Quieres mi opinión sobre los estudios liberales. Te la doy sin rodeos: no considero valioso ningún estudio cuyo fin sea ganar dinero. Eso ya no es un estudio, sino un oficio. Son útiles, sí, mientras fortalezcan el ánimo y no lo dispersen; conviene tratarlos como preparación hasta que el espíritu esté listo para algo más alto. Son una gimnasia inicial, no la carrera verdadera. De ahí su nombre, liberales, porque corresponden a un hombre libre.

Solo hay un estudio verdaderamente liberal, el que te hace libre. Ese es el estudio de la sabiduría: elevado, valiente, magnánimo. Todo lo demás pertenece a la escuela y a la instrucción elemental. ¿Qué grandeza puede haber en disciplinas cuyos maestros, con frecuencia, exhiben mezquindad o vanidad? No deberíamos seguir «estudiándolas», deberíamos «haberlas estudiado» ya.

Algunos discuten si las artes liberales hacen bueno al hombre. Ni siquiera lo prometen. La gramática pule el lenguaje; si se amplía, trata de la historia; si se ensancha aún más, de la poesía. ¿Qué hay en todo eso que abra camino hacia la virtud? ¿Dividir sílabas, jugar con palabras, recitar leyes o relatos, medir metros y mutaciones? Nada de eso enseña a vencer el miedo, dominar el deseo o refrenar la lujuria.

Pasemos a la geometría y la música. Tampoco ahí hallarás lecciones sobre lo que debemos temer o desear. Y quien no sabe qué temer ni qué desear, nada gana por saberlo todo. No digas que «también enseñan virtud»; si lo hicieran, dejarían de ser gramática o música y pasarían a ser filosofía.

Mira además lo poco que se parecen entre sí esas disciplinas. Si condujeran al mismo fin, compartirían su fundamento. No lo tienen, salvo que uno quiera que Homero sea, según convenga, estoico enemigo del placer, luego epicúreo de banquetes, después peripatético de «tres bienes» y, por último, académico que duda de todo. Si fue todo, no fue nada. Y aun concediendo por juego que Homero fuese filósofo, primero se hizo sabio y luego poeta. Aprendamos, pues, qué le llevó a ser sabio; lo demás —versos, historias, estilo— es adorno. Me importa tan poco si vivió antes o después de Hesíodo como por qué Hécuba, siendo más joven que Helena, envejeció peor.

¿Qué me aporta saber la edad de Patroclo o de Aquiles, o el mapa exacto del viaje de Ulises? Mientras discutís si fue arrojado entre Italia y Sicilia o más allá del mundo conocido —y en tan poco espacio no cabe tanta odisea—, nosotros naufragamos a diario en nuestras propias tormentas: bellezas que tientan, enemigos que acechan, cantos que seducen, fieras que lamen sangre. Enséñame a amar a mi patria, a mi esposa y a mi padre; a llegar, aunque destrozado, a un puerto honroso. ¿Que si Penélope fue casta o si reconoció a Ulises al instante? Prefiero que me enseñes qué es la castidad, cuánto bien encierra y dónde reside, si en el cuerpo o en el alma.

La música me explica cómo combinar agudos y graves, cómo se armonizan cuerdas de distinto temple; pero yo quisiera aprender a armonizarme conmigo mismo, a que mis decisiones no se contradigan. Tú me hablas de «modos» del lamento; enséñame, mejor, a no lamentarme en la adversidad.

El agrimensor mide mis tierras, pero no me enseña a medir lo que basta para un hombre. Me enseña a contar, a poner los dedos al servicio de la avaricia, en lugar de mostrar que esos cómputos no tocan lo esencial: que uno no vale más porque su riqueza agote a los contables. Sería más útil aprender cuán superfluos son los bienes si, al perderlos, quedo reducido a la miseria.

¿De qué me sirve saber dividir una herencia en fracciones si no sé compartirla con mi hermano? ¿Qué gano con calcular al palmo una finca si me envenena el vecino que «me roba» una franja del lindero? Ellos me enseñan a no perder nada en los límites; yo quiero aprender a perder, con serenidad, toda la hacienda.

«Me expulsan de las tierras de mi padre y de mi abuelo», se queja alguno. Pero antes de tu abuelo, ¿de quién eran? ¿Podrías decirme que pueblo las poseyó? No entraste en ellas como dueño, sino como colono. ¿Colono de quién? Con suerte, del heredero. Los juristas dicen que lo público no se adquiere por uso prolongado; y eso que llamas «tuyo» es, en verdad, parte del patrimonio común del género humano.

¡Oh, arte gloriosa! Sabes reducir circunferencias a cuadrados y medir la distancia de los astros, nada escapa a tus cálculos. Mide también el alma y dime cuán grande puede ser y cuán mezquina puede volverse. Sabes qué es una línea recta; pero ¿de qué te sirve si ignoras qué es lo recto en la vida?

Pasemos al astrónomo: «Dónde se oculta Saturno, qué órbitas recorre Mercurio...». ¿Para qué me sirve? ¿Para angustiarme cuando Saturno y Marte se oponen, o cuando Mercurio, bajo la mirada de Saturno, cae como astro vespertino? Enséñame, mejor, que estén donde estén los astros, nada pueden contra quien es dueño de sí. Un orden continuo de destinos guía su curso. Si lo provocan, ¿qué gano con conocer lo que no puedo cambiar? Si solo lo anuncian, ¿de qué sirve prever lo inevitable? Ocurrirá, lo sepa o no.

«Quien estudia los cielos no se deja sorprender por lo que traerá el mañana», dices. Ya estoy prevenido; no me sorprende la hora venidera, porque lo que sorprende, engaña. No sé qué ocurrirá, pero sé que puede ocurrir cualquier cosa. No pido indulgencia al destino, acepto lo que venga; y si algo me es concedido, lo recibiré con gratitud. Solo me engañaría el tiempo si me ofreciera una pausa inesperada; y aun entonces, poco, porque siempre espero lo mejor, pero preparo el ánimo para lo peor.

Permíteme ajustar el catálogo, no incluyo entre las artes liberales a pintores, escultores ni tallistas de mármol —servidores del lujo—, ni a luchadores ni a toda esa ciencia de barro y aceite. De otro modo, tendríamos que admitir también a perfumistas, cocineros y oficios del placer. ¿Qué hay de liberal en estómagos repletos mientras el alma permanece vacía?

Tampoco diré que lanzar dardos, saltar con pértiga o ejercitarse en las armas, disciplinas sobrias de nuestros antepasados, sean artes liberales. Ellos no enseñaban a sus hijos nada que se aprendiera estando reclinados. Pero ni unas ni otras alimentan la virtud. ¿De qué sirve dominar un caballo si tus deseos, más salvajes, te arrastran? ¿De qué sirve vencer en la palestra si te derrota la ira?

«Entonces, ¿los estudios liberales no aportan ninguna ventaja?». Aportan muchas, pero para otros

fines; para la virtud, ninguna. Incluso las artes mecánicas, consideradas humildes, nos dan instrumentos útiles para la vida, pero no tocan el alma.

«¿Por qué educamos, entonces, a los hijos en
ellas?». No porque otorguen virtud, sino porque pre-
paran el espíritu para recibirla. Como las primeras letras no son aún el arte de escribir, sino su preparación,
así las artes liberales no elevan por sí mismas el espíritu, pero lo hacen más receptivo a la sabiduría.

Posidonio distingue cuatro grupos de saberes o
artes: las comunes o materiales, oficios que sostienen la vida; las de entretenimiento, dirigidas a los
sentidos (tramoyas, artificios, asombros de teatro);
las de los niños, las «cíclicas» o elementales, que
nuestros pedagogos llaman «liberales»; y, por último,
las verdaderamente libres, las que se ocupan de la
virtud y se le asemejan.

La filosofía, dentro de estas últimas, se divide en
tres partes: la natural, que estudia el universo y sus
causas; la moral, que enseña cómo debemos vivir; y
la lógica, que enseña el recto pensar. Otras artes se
acercan a estos ámbitos solo como auxiliares. Por
ejemplo, la geometría contribuye al estudio de la naturaleza, pero no es filosofía en sí misma. Del mismo
modo que el alimento nutre al cuerpo sin ser el
cuerpo, o el carpintero ayuda al agrimensor sin pertenecer a su arte, la geometría auxilia al filósofo,
pero no lo convierte en sabio.

Cada arte tiene su límite. El sabio busca y comprende las causas; el agrimensor, en cambio, mide.
El sabio entiende qué son los astros, cuál es su

poder y su naturaleza; el astrónomo calcula sus trayectorias. El sabio demuestra por qué el Sol es grande; el astrónomo cuánto mide, siguiendo métodos prestados. Su arte es dependiente.

La filosofía, en cambio, no depende de ninguna disciplina: levanta su edificio desde los cimientos. La astronomía avanza apoyada en otras —geometría, física—. Si pudiera alcanzar por sí sola la verdad total del universo, también elevaría el alma; aun así, el espíritu solo se perfecciona con una cosa: el conocimiento seguro de lo bueno y de lo malo. Y ninguna otra disciplina, salvo la filosofía, se ocupa de eso.

Repasemos las virtudes. La fortaleza desprecia lo temible y derriba lo que amenaza nuestra libertad. ¿Las artes liberales la forjan? La lealtad, lo más sagrado del corazón, no miente por necesidad ni se vende por un premio: «Quémame, azótame, mátame: no te traicionaré; cuanto más me arranque el dolor, más hondo guardo el secreto». ¿Eso nace en escuelas de métrica? La templanza gobierna los placeres; expulsa unos, modera otros y nunca los busca por sí. Sabe que el límite del deseo no está en cuánto quiero, sino en cuánto debo. La humanidad prohíbe la altivez y la aspereza; trata a todos con llaneza, medida y buen trato, no le es ajena desdicha alguna. Ama su propio bien para poder beneficiar a otros.

¿Acaso enseñan esto las artes liberales? Enseñan solo sencillez, modestia, frugalidad o clemencia, esa virtud que perdona la sangre ajena como si fuera la propia y entiende que ningún hombre debería ser devorado por otro.

«Pero si afirmas que no se alcanza la virtud sin artes liberales, ¿no las estás defendiendo?». No exactamente. Tampoco hay vida sin alimento; sin embargo, el alimento no hace bueno al hombre. La madera no añade nada a la esencia del navío, aunque sin madera no hay navío. Así también, las artes liberales pueden preparar el alma, pero no engendran virtud. No todo lo necesario forma parte de aquello que sostiene; algunas cosas son condición, no esencia.

Diré más, se puede alcanzar la virtud sin ellas. La virtud se aprende, sí, pero por otro camino. ¿Por qué creer que nadie será sabio si no es instruido en letras, cuando la sabiduría no depende de ellas? Las letras transmiten palabras; la sabiduría, realidades. Sospecho incluso que la memoria es más fiel cuando no se apoya en escritos o maestros, sino cuando el alma guarda por sí misma lo que ha de conservar.

La sabiduría es inmensa y requiere amplitud. Hay que conocer lo divino y lo humano, lo pasado y lo venidero, lo perecedero y lo eterno, y comprender el tiempo mismo: si existe por sí mismo o depende de otra cosa; si hubo un «antes» del tiempo; si, cuando nació el universo —o incluso antes—, el mero hecho de que algo existiera ya implicaba la presencia del tiempo.

Y el alma; su origen, naturaleza, comienzo y duración; si se transforma o permanece; si, una vez libre, vaga por el universo o se eleva; si es cuerpo o no lo es; qué hará cuando deje de obrar a través de nosotros; cómo usará su libertad al salir de esta prisión; si olvidará lo anterior o, al recogerse en el éter, empezará entonces a conocerse verdaderamente.

El campo de la sabiduría es inmenso. Para contener tanto, hay que desalojar lo superfluo. La virtud no habita en espacios estrechos; siendo grande, necesita moradas despejadas. Que todo lo accesorio se retire y que la casa quede libre para ella.

«Pero saber mucho de muchas artes da placer», dices. De acuerdo, conservemos entonces solo lo necesario. Tú mismo, que reprendes al que amontona objetos que no precisa, ¿apruebas al que llena su mente de adornos vanos? Querer saber más de lo suficiente es otra forma de exceso.

Además, ese exceso de acumular conocimientos vacíos vuelve a muchos molestos, charlatanes, indiscretos, pagados de sí; incapaces de aprender lo necesario por haberse atiborrado de lo superfluo. Dídimo el gramático escribió cuatro mil libros, me daría lástima pensar que también los leyó. En ellos se discute la patria de Homero, la madre «verdadera» de Eneas, si Anacreonte fue más dado al vino o al amor, o si Safo fue una cortesana pública… cosas que, si se supieran, convendría olvidarlas. ¡Y luego se quejan de que la vida es corta!

Y cuando te acerques a los nuestros, a los filósofos, también te señalaré las ramas secas que conviene podar. Muchos confunden erudición con sabiduría. El elogio «¡qué culto!» cuesta años y solo alimenta la vanidad; el elogio más digno es otro: «¡qué bueno!».

¿Y aun así voy a gastar mis días desenrollando viejos anales para averiguar quién fue el primer poeta? ¿Dedicar mi tiempo a calcular cuántos años pasaron entre Orfeo y Homero, sin una cronología fiable? ¿Seguiré las notas de Aristarco sobre versos ajenos, o consumiré mi vida midiendo sílabas? ¿Me quedaré para siempre entre el polvo de tratados y fórmulas, olvidando el único precepto verdaderamente útil? Sé avaro con tu tiempo.

Si empleo mis años en nimiedades, ¿qué espacio quedará para lo que importa, como pensar, vivir y aprender a morir?

Apión, el gramático que recorrió Grecia en tiempos de Cayo César, fabuló que Homero, tras concluir la *Ilíada* y la *Odisea*, compuso un prólogo que abarcaba toda la guerra, y pretendió probarlo diciendo que el poeta puso adrede, en su primer verso, dos letras cuyo valor numérico coincidía con el número de sus libros. Este es el saber que engorda a quien quiere saber mucho, no a quien desea saber bien.

¿No prefieres calcular cuánto te roba la enfermedad, cuánto los asuntos públicos y privados, cuánto lo cotidiano y el sueño? Mide tu vida, no hay espacio para tanta dispersión.

Hablo de las artes liberales, pero también entre filósofos abunda lo superfluo. Algunos han rebajado la disciplina hasta ocuparse de sílabas, conjunciones y preposiciones, imitando a gramáticos y geómetras, trayendo a la filosofía los restos de otras artes. Con ello no han hecho a los hombres más sabios, sino más quisquillosos. Ahora cuidan más las palabras que la conducta, y ponen más empeño en hablar correctamente que en vivir bien.

Mira cuánto daño causa la sutileza excesiva y cuán enemiga es de la verdad. Protágoras afirma que sobre cualquier asunto puede argumentarse igual de bien a favor que en contra. Nausífanes sostiene que, de todo lo que vemos, nada es más verdadero que su contrario. Parménides declara que «de lo que percibimos, nada existe universalmente». Y Zenón de Elea, más osado aún, censuró cualquier tipo de investigación concluyendo que nada existe. Los pirrónicos, los megáricos, los académicos… unos vacían el conocimiento; otros lo disuelven. Han inventado una nueva ciencia, la de no saber nada.

Mételos a todos en el mismo rebaño de lo superfluo que vaga entre artes liberales sin rumbo ni fruto. Unos transmiten conocimiento inútil; otros, peor, te arrebatan la esperanza de conocer. Es preferible saber demasiado que no saber nada; pero los primeros no iluminan el camino hacia la verdad, y los segundos te apagan los ojos. Si doy crédito a Protágoras, todo es incierto; si sigo a Nausífanes, lo único cierto es que nada lo es; si escucho a Parménides, solo existe el Uno; y si acepto a Zenón, ni siquiera ese Uno permanece.

Entonces, ¿qué somos nosotros? ¿Y qué son las cosas que nos rodean, alimentan y sostienen? El mundo entero quedaría reducido a sombra, vacío, ilusión. Y no sabría decir quién me irrita más, si los que quieren que nada sepamos, o los que ni siquiera nos permiten el consuelo de no saber nada.

Cuídate.

Carta 90

SOBRE LA ALABANZA DE LA FILOSOFÍA

¿Quién podría dudar, querido Lucilio, de que la vida sea un don de los dioses inmortales y de que la *vida buena* sea un regalo de la filosofía? Por eso la existencia del sabio supera a la del vulgo. Hasta diría que debemos más a la filosofía que a los dioses, si no fuera porque ellos son su fuente y porque nos hicieron capaces de alcanzarla. Si la sabiduría nos viniera de nacimiento, perdería su mayor mérito y pasaría a engrosar los bienes del azar.

Lo más valioso y grandioso de la filosofía es que no cae del cielo, que cada uno la conquista por sí mismo. ¿Cómo admirarla si pudiera entregarse como un premio? Todo su empeño consiste en buscar la verdad sobre lo divino y lo humano. La justicia, la piedad, la fe y las demás virtudes —unidas y en armonía— nunca la abandonan. Ella estableció el culto a los dioses y la amistad entre los hombres; nos enseñó que los dioses gobiernan el universo y que los hombres deben vivir en él como en una comunidad.

Esto fue así hasta que la avaricia rompió la concordia y empobreció incluso a los ricos que, queriendo hacerlo todo propio, perdieron lo que era de todos. Los primeros hombres, aún no corrompidos, seguían sin esfuerzo la ley de la naturaleza, que era norma y guía. Se dejaban gobernar por el más digno, como entre los toros, que conduce el más fuerte, entre los hombres debe dirigir el mejor. Elegían a sus jefes por la virtud del alma, y aquellos pueblos eran felices porque, para mandar, había que merecerlo. Quien sabe que no debe querer más de lo permitido lo puede todo.

Posidonio creía, por esta razón, que en el llamado *siglo de oro* los sabios eran también los reyes. Impedían la violencia, protegían a los débiles, aconsejaban o disuadían según el momento, enseñaban lo útil y lo nocivo. Con prudencia atendían a las necesidades de su pueblo, con valor lo defendían de los peligros, y con generosidad lo colmaban de bienes. Mandar no era dominar, sino cumplir un deber. Nadie abusaba de la fuerza que se le había confiado. La mayor amenaza para el desobediente era que el gobernante renunciara al mando.

Pero cuando los vicios impusieron su ley y los reinados degeneraron en tiranías, hubo que recurrir a las leyes, que primero redactaron los sabios. Solón se las dio a los atenienses y fue contado entre los siete sabios; si Licurgo hubiera sido su contemporáneo, habría sido el octavo. Zaleuco y Carondas también alcanzaron renombre. No aprendieron en tribunas ni atrios de jurisconsultos, sino en la silenciosa escuela de Pitágoras; con esa sabiduría ordenaron la Sicilia, entonces floreciente, y las ciudades griegas de Italia.

Hasta aquí coincido con Posidonio, pero no puedo aceptar que la filosofía haya inventado los oficios destinados a las comodidades de la vida, sería conceder demasiado mérito a las artes mecánicas. Dice que, al ver a los hombres dispersos —unos en cabañas, otros en troncos huecos, otros refugiados en cuevas—, la filosofía les enseñó a construir casas. Creo más bien que se preocupó tan poco por esos edificios —hoy levantados en pisos que aplastan ciudades— como por los estanques de peces que dan al lujo sus propios «puertos».

¿Fue la filosofía la que enseñó a fabricar llaves y cerraduras? Eso habría sido darle un código a la avaricia. ¿O la que introdujo las bóvedas suspendidas, tan peligrosas para quienes las habitan, cuando era más seguro cobijarse en los refugios que ofrece la naturaleza? Créeme, aquel siglo dichoso no conocía la viga escuadrada ni la sierra; su invención llegó con el lujo. Al principio, la madera se abría con cuñas; no se arrastraban abetos sobre carros que hacían temblar las calles para alzar techos dorados. Postes horquillados sostenían una choza cubierta de ramas y follaje, inclinada para que el agua escurriera. Bajo aquel techo sencillo se vivía seguro. La libertad se cobijaba entonces bajo la paja, como hoy la servidumbre bajo el mármol y el oro.

Tampoco concedo a Posidonio que los sabios inventaran las herramientas de los artesanos; si así fuera, también habría que decir que inventaron los lazos, las redes y las cacerías con perros. Todo eso fue obra de la destreza humana, no de la sabiduría. Tampoco acepto que descubrieran el cobre y el hierro al ver correr el metal fundido tras el incendio de un bosque, fueron hallazgos de quienes se dedicaban a esas tareas. Y no me parece gran cuestión decidir si fue antes la tenaza o el martillo; ambas cosas las ideó un ingenio hábil, no un espíritu elevado.

El sabio siempre vivió con sencillez; y aún hoy, cuando los hay, sigue viviendo así. Dime, ¿a quién admiras más, a Diógenes o a Dédalo? ¿Quién te parece más sabio, el que inventó la sierra o aquel que, viendo a un niño beber agua en el hueco de la mano, rompió su copa exclamando «necio de mí, que he cargado tanto tiempo con algo superfluo!»?

¿A quién llamarías sabio hoy?, ¿al que hace subir el agua por tubos ocultos, llenar y vaciar canales al instante y girar los artesonados para que el techo cambie al compás del banquete?, ¿o al que enseña a todos, y a sí mismo, que la naturaleza no nos ha impuesto nada difícil, que podemos vivir sin marmolistas, vestirnos sin las sedas de oriente y poseer cuanto necesitamos si nos contentamos con lo que la tierra ofrece a la vista, de modo que nos resulten tan innecesarios el cocinero como el soldado?

Eran sabios, o cercanos a serlo, aquellos que apenas se preocupaban por las necesidades del cuerpo. Lo necesario exige poco; lo delicado, un esfuerzo constante. No hacen falta artesanos cuando se sigue a la naturaleza, que dispuso lo esencial para todos.

«Pero», dices, «el frío es insoportable para el cuerpo desnudo». ¿Y no bastan las pieles? ¿No hay pueblos que se cubren con cortezas de árboles, otros con plumas, y muchos escitas que visten pieles de zorro o de marta, suaves e impenetrables al viento? «Necesitamos sombra contra el calor del verano». ¿Y no abrían antes cavidades que el tiempo convirtió en grutas? ¿No tejían muros de mimbre, los cubrían de barro y los remataban con paja y musgo, pasando así el invierno mientras la lluvia resbalaba por los techos inclinados? ¿No viven bajo tierra los vecinos de las Sirtes, protegidos del sol por la misma arena ardiente?

La naturaleza no ha sido tan enemiga nuestra como para hacer fácil la vida de los animales y querer que solo el hombre sea la especie que no pueda vivir sin oficios ni artífices. No nos obligó a esto ni a buscar con fatiga el sustento, todo estaba a nuestra disposición cuando llegamos. Pero el hastío de lo fácil nos lo volvió difícil. Casas, vestidos, alimentos y cuanto hoy ocupa nuestras vidas se encontraba por doquier; nada tenía precio porque nadie tomaba más de lo necesario.

Fuimos nosotros quienes lo encarecimos todo, pusimos precio a las cosas y volvimos ardua su adquisición. La naturaleza da cuanto pide; el lujo, contrario a ella, cada día excita nuevos deseos y, de siglo en siglo, se convierte en siervo de los vicios. Comenzó buscando lo superfluo, luego lo contrario, y terminó sometiendo el alma a los placeres del cuerpo.

Todos esos oficios que llenan de ruido las ciudades y nos despiertan antes del amanecer no trabajan sino para el cuerpo. Se han abierto tiendas de bordadores, perfumistas y plateros, y escuelas de canto y danza. Ya nadie mide el deseo por la necesidad; miserable y tosco parece quien se contenta con lo necesario.

Es sorprendente, querido Lucilio, cuánta fuerza tiene la dulzura de las palabras para apartar incluso a los grandes hombres de la verdad. Posidonio, uno de los que más han honrado a la filosofía, después de describir cómo se hila y se teje, llega a afirmar que fueron los sabios quienes inventaron el telar, olvidando que más tarde se hallaron métodos aún más ingeniosos. Si hubiese visto nuestros velos, tan finos que ni cubren el cuerpo ni resguardan el pudor, se habría asombrado. Lo mismo con la labranza, atribuye a los sabios los primeros trabajos del campo, como si los campesinos no perfeccionaran cada día su arte. Luego suma a los molineros, describiendo cómo, imitando a la naturaleza, pasamos del grano al pan. Poco le falta para hacerlos zapateros.

Concedo que la razón descubrió todo esto, pero no la recta razón; son inventos del ingenio humano, no de la sabiduría. Lo mismo ocurre con las naves de vela que recogen el viento y con el timón que las guía, tomado ejemplo de los peces, que se orientan con la cola. Replica Posidonio que el sabio fue el autor de todas esas invenciones, aunque, por serle indignas, dejó su práctica a quienes valían menos. Yo, en cambio, creo que esos oficios no tuvieron otros inventores que quienes los ejercieron. También hoy vemos nuevos hallazgos —vidrios clarísimos, hipocaustos que calientan paredes, mármoles que relucen, pórticos sostenidos por columnas enormes, taquigrafías que igualan la mano a la voz—, y todo eso es obra de esclavos desdichados.

La sabiduría está por encima; gobierna el alma, no las manos. ¿De qué se ocupa? No del baile, ni de la flauta o la trompeta; no de armas, murallas o tretas de guerra. Se orienta a lo útil de verdad: fomenta la paz, establece la concordia y guía hacia la vida buena. No inventa herramientas. Su función es gobernar la vida; y los oficios que sirven a la vida están bajo su dominio. Su fin es la felicidad, hacia ella conduce, abre camino, señala el mal verdadero, destierra la vanidad y la sustituye por grandeza firme; distingue lo noble de lo orgulloso, separa lo que pertenece al mundo de lo que pertenece al alma.

Enseña quiénes son los dioses, los genios y los espíritus tutelares; cuál es la naturaleza de las almas inmortales —las más cercanas a los dioses—, su morada, sus tareas, sus deseos y su poder. Así nos inicia, no en un culto secreto, sino en el gran templo del mundo, cuyos signos y figuras revela a los ojos del espíritu, demasiado débiles los del cuerpo para contemplarlos por sí solos.

Después vuelve a lo esencial, habla del espíritu eterno que anima el universo y de la fuerza seminal que da una misma forma a todo lo que pertenece a una misma especie; examina la naturaleza del alma, su origen, su morada, su duración y su presencia en cada parte del cuerpo. De lo visible asciende a lo inteligible y reflexiona sobre la verdad, sus conjeturas y las dudas que surgen en torno a la vida y la muerte, donde lo verdadero y lo falso se confunden.

El sabio —repito— no ha descuidado ni abandonado las artes y los oficios, como cree Posidonio; simplemente, no ha fijado en ellos su atención, pues ¿cómo habría considerado digno de inventar lo que no consideraba digno de uso permanente? El sabio no se detiene en lo que ha de abandonar enseguida.

Posidonio dice que Anacarsis inventó la rueda del alfarero; y porque Homero la menciona, sostiene que el verso es falso, solo para sostener su fábula. No niego que Anacarsis pudiera ser el inventor; si lo fue, concedo que un sabio inventó la rueda, pero no en cuanto sabio. Los sabios hacen muchas cosas como hombres, no como sabios. Supón que uno de ellos sea un gran corredor, aventajará a los demás por su velocidad, no por su virtud.

Quisiera mostrar a Posidonio a un vidriero que, con solo su soplo, da al vidrio formas que la mano más hábil apenas podría reproducir; sin embargo, ese arte nació cuando aún no había sabios. Afirma también que Demócrito inventó las arcadas, donde las piedras curvadas se sostienen mutuamente mediante la clave, pero eso es falso; antes de él ya existían puentes y puertas con remate en arco. Olvida, además, mencionar que el mismo Demócrito descubrió cómo pulir el marfil y cocer los guijarros hasta volverlos esmeraldas, y que todavía hoy se tiñen así ciertas piedras.

Aunque un sabio hubiera inventado tales cosas, no lo habría hecho como sabio: son obras que otros pueden ejecutar igual o mejor, no por ingenio, sino por destreza manual.

¿Quieres saber qué han investigado los sabios y qué han legado al mundo? Primero, el conocimiento verdadero de la naturaleza; después, la ley de la vida, extendida al orden entero de las cosas. Nos enseñaron a reconocer a los dioses y a obedecerles, a recibir cuanto sucede como mandato suyo, a no dejarnos arrastrar por opiniones falsas. Han establecido el justo valor de las cosas, condenado los placeres que acaban en arrepentimiento y honrado los bienes que nunca cansan. Nos han mostrado que la verdadera felicidad consiste en no necesitar placeres, y el verdadero poder, en gobernarse a uno mismo.

No hablo de esa falsa filosofía que expulsa al ciudadano de su patria y a los dioses del mundo, que casa la virtud con el placer y convierte el bien en conveniencia. Hablo de la que solo reconoce como bien lo honesto, la que no puede corromperse con favores humanos ni dádivas de la fortuna, y cuyo mayor valor reside en que no tiene precio.

No creo que esta filosofía existiera en aquel siglo rudo en que aún se desconocían los oficios y la utilidad se aprendía solo por la práctica, ni en aquella edad dichosa en que los dones de la naturaleza estaban al alcance de todos, antes de que la avaricia y el lujo corrompieran la sociedad y la empujaran al saqueo. Entonces no había sabios, aunque se viviera como ellos enseñan a vivir. No podría imaginarse para el ser humano una condición más ventajosa que la de aquel tiempo, cuando nadie roturaba la tierra ni consideraba justo cercarla, siendo los bienes comunes y fecunda la tierra para todos.

¿Qué felicidad mayor que la de aquellos hombres, que disfrutaban en común de los dones de la madre naturaleza, cuya sola protección bastaba para garantizar la posesión de las riquezas públicas? Podría decirse que eran plenamente ricos, porque no existía la pobreza. Pero la avaricia trastornó ese orden. Al intentar separar y apropiarse una parte, lo perdió todo; redujo la inmensidad a un rincón y, al querer tener más, inventó la pobreza.

Por mucho que ahora unamos tierras —por compra o por usurpación—, por más que extendamos el dominio hasta abarcar provincias enteras y llamemos «granja» a lo que cuesta días recorrer, nunca recuperaremos lo que fuimos. Hoy poseemos mucho, entonces lo poseíamos todo. La tierra era más fértil cuando no se la violentaba y se mostraba generosa con los pueblos que nada le arrebataban injustamente.

El fuerte no imponía su mano al débil, el avaro no escondía lo que servía al necesitado; cada cual cuidaba de los otros como de sí mismo. No había guerras ni sangre humana derramada, solo se cazaban fieras. Quienes se refugiaban en los bosques del sol o bajo chozas de paja contra la lluvia y el frío dormían tranquilos, mientras nosotros, en nuestros lechos de púrpura, nos agitamos entre las espinas de la ansiedad. Ellos hallaban descanso sobre la tierra dura.

No vivían bajo techos dorados ni bóvedas labradas, pero a cielo abierto contemplaban el paso de las estrellas y el movimiento de esta gran máquina del universo, el espectáculo más hermoso de la noche. Tenían siempre ante sus ojos el palacio del cielo y se alegraban viendo ponerse unos astros y levantarse otros.

¿No era mejor contemplar tales maravillas que encerrarse, como nosotros, en casas pintadas y decoradas, donde temblamos al menor crujido y vivimos dispuestos a huir? No existían casas tan grandes como ciudades; el aire corría libre. Había sombra en los árboles y en las rocas, y se levantaban con sus manos chozas junto a manantiales que fluían espontáneamente por prados sin artificio. Eran moradas conformes a la naturaleza, donde se vivía sin el temor que hoy inspiran nuestras propias casas.

Pero, aunque su vida fuese inocente, no puede decirse que fueran sabios, ese nombre pertenece a una obra más alta. No negaré que fueron almas grandes, recién salidas de las manos de los dioses; el mundo, en su juventud, producía lo mejor. Sin embargo, aunque su naturaleza fuese más vigorosa y apta para el trabajo, su ingenio aún no se había aguzado.

La naturaleza no concede la virtud, es el arte quien la perfecciona. Solo mediante ejercicio y disciplina el alma alcanza su forma. Aquellos hombres no buscaban oro, plata ni piedras ocultas en el fondo de la tierra; no permitían que un hombre matara a otro sin odio, solo por diversión de los espectadores; perdonaban incluso a los animales. No vestían telas de mil colores ni labraban el oro aún dormido bajo el suelo.

¿Qué más? Eran inocentes, sí, pero por ignorancia del mal. Y hay gran diferencia entre no conocer el mal y no querer cometerlo. Les faltaban justicia, prudencia, templanza y fortaleza: su sencilla vida mostraba una apariencia de virtud. Pero la virtud no habita en un alma sin instrucción ni en una voluntad que no se ha templado por el esfuerzo constante.

Nacemos sin virtud, aunque nacemos para ella; y aun en el mejor de los hombres, antes de educarse, hay solo materia de virtud, no virtud.

Cuídate.

Carta 91

SOBRE EL INCENDIO DE LYON

Nuestro amigo Liberal está abatido por la noticia del incendio que ha arrasado Lyon. Una desgracia así conmueve incluso al indiferente, y con mayor razón a quien ama su patria. Había templado su ánimo para adversidades previsibles, pero no es extraño que un golpe tan súbito y casi inaudito lo haya desbordado.

Otras ciudades ardieron, sí, pero rara vez se perdieron por completo. Incluso tras una guerra queda algo en pie; ni el hierro ni el fuego suelen consumirlo todo. Tampoco los terremotos suelen borrar de un golpe una ciudad entera. Aquí, en cambio, lo que al anochecer era una urbe floreciente, al amanecer ya no era nada. Y lo más terrible es que ocurrió en plena paz lo que no temeríamos ni en la peor guerra.

Lo imprevisto hiere más, la sorpresa agrava el dolor. Por eso debemos prepararnos no solo para lo habitual, sino para todo lo posible. ¿Qué hay que la fortuna no pueda arrebatar cuando lo desea? Cambia de instrumentos a su antojo; a veces, nos hiere con manos ajenas; otras, con las nuestras. Abre desastres donde menos se espera y hace brotar males incluso de nuestros placeres.

La paz trae de pronto guerra; el refugio se vuelve amenaza; el amigo, adversario. Jornadas radiantes desembocan en tempestades peores que todos los fríos del invierno. En ocasiones, la abundancia misma nos pierde: enferma el sobrio, decae el fuerte, condenan al inocente, arrastra el tumulto al que se escondía.

Cuando la fortuna quiere recordarnos su poder, derriba en un día lo que años de esfuerzo y favor divino levantaron. Y decir «en un día» es ser indulgente. Sería pobre consuelo suponer que lo destruido se rehace con igual rapidez: el crecimiento es lento; la ruina, veloz. Nada, en lo público o lo privado, permanece siempre igual, también las ciudades tienen un destino.

Conviene, pues, ejercitar el ánimo para todo: destierros, suplicios, enfermedades, naufragios... Una desgracia puede despojarnos de la patria o arrebatarnos de ella; puede relegarnos a un desierto y convertir en soledad lo que ayer rebosaba de gente.

Miremos la condición humana sin maquillajes. No contemplemos solo lo frecuente, sino también lo extremo, para que nada nuevo nos aplaste. Asia, Acaya, Siria, Macedonia, Chipre... ¿cuántas veces se han hundido ciudades enteras por un solo terremoto? Pafos se derrumbó sobre sí misma. A menudo nos llegan noticias de urbes borradas del mapa. Nosotros, que las oímos en la distancia, ¿qué somos dentro del universo?

Seamos firmes, muchas veces el estrépito del desastre es mayor que el daño. Mira esta ciudad riquísima, orgullo de su provincia, devorada a pesar de estar en alto. También caerán, con el tiempo, las que hoy juzgamos inexpugnables. Grandes ciudades de Acaya desaparecieron hasta los cimientos, sin rastro de lo que fueron.

El tiempo no destruye solo lo humano. Abate montes, sepulta regiones; lo que ayer estaba lejos del

mar hoy yace bajo las aguas; el fuego devora colinas
y allana alturas queridas por los navegantes. Si así se
maltrata la obra de la naturaleza, ¿por qué nos ha de
doler en exceso la ruina de las ciudades? Nada permanece en pie sino para caer. Todo tiene su fin:
vientos subterráneos que revientan cavernas, torren-
tes que arrasan, llamas que se abren paso, o el tiempo
—invencible— que corroe y desgasta; o un cielo
inclemente que destierra pueblos y deja que la des-
composición remate lo abandonado.

Sería largo enumerar los caminos del destino.
Baste decir que las obras de los mortales están con-
denadas a perecer, y vivimos rodeados de lo que
muere.

Con esto consuelo a Liberal, tan unido a su patria,
que quizá algún día vuelva a levantarse más hermosa.
A menudo la desgracia es semilla de una fortuna mayor; mucho cae para reconstruirse mejor. Timágenes,
enemigo de la prosperidad de Roma, lamentaba los
incendios de la ciudad porque sabía que de sus ruinas
surgirían edificios más bellos. También aquí —lo
auguro— todos se esforzarán por levantar casas más
amplias y sólidas. ¡Y cabe esperar que perdure más
largo tiempo y bajo mejores auspicios! Pues apenas
han pasado cien años desde la fundación, lo que no es
una edad extrema ni para un hombre.

Fortalezcamos, pues, el ánimo con el conocimiento de lo que somos y aprendamos a soportar
con paciencia aquello que no depende de nosotros.
La fortuna tiene poder sobre todo, domina tanto a
los imperios como a los emperadores, tanto a las

ciudades como a sus habitantes. No nos indigne-
mos, pues así funciona el mundo al que pertene-
cemos. Si te agrada, acéptalo y vive acorde con sus
leyes; si no te agrada, eres libre de marcharte, pues
nadie está obligado a permanecer en un lugar que no
soporta.

No habría motivo de queja si el golpe del destino
cayera solo sobre ti; pero, siendo ley común que iguala
a grandes y pequeños, haz las paces con el orden que
rige el universo. No te aflijas por la desigualdad aparente de los sepulcros, la ceniza de unos es la misma
que la de otros. Nacemos distintos, sí, pero morimos iguales. Y lo mismo ocurre con las ciudades:
Roma cayó, como también cayó Árdea. El autor de
las leyes humanas no nos distingue sino por el
tiempo que vivimos, y al final parece decirnos:
«Apártate, ambición, una sola ley gobierna a todos
los que pisan la Tierra». La necesidad no conoce privilegios, nadie está más protegido que otro frente a
lo que puede ocurrir mañana.

Se cuenta que Alejandro de Macedonia quiso
aprender geometría. ¡Pobre de él! Estaba a punto de
descubrir lo pequeña que es la Tierra, de la cual solo
llegó a poseer una parte mínima. Lo llamo «pobre»
porque comprendió demasiado pronto que su título
de «Grande» carecía de sentido. ¿Quién puede ser
grande en un mundo tan limitado? Cuando pidió a su
maestro que le enseñara algo más fácil, este le respondió: «Lo que es difícil lo es para todos por igual».

Imagina que la naturaleza te dijera: «Lo que te
duele es igual para todos. Yo no puedo hacerlo más

fácil; tú puedes hacerlo más llevadero». ¿Cómo? Con paciencia. Forzosamente sufrirás dolor, hambre, sed, vejez; y, si permaneces más tiempo, enfermedad, pérdida y, al fin, la muerte.

No te dejes arrastrar por los rumores; ninguno de esos males es malo por naturaleza, ni resulta insoportable por sí mismo. Solo nos intimidan por la opinión que tenemos de ellos. Temes la muerte del mismo modo que temes las habladurías. ¿Y no es una locura temer a las palabras? Demetrio solía decir que valoraba las voces de los necios igual que los ruidos del cuerpo. «¿Qué importa si suenan por arriba o por abajo?», decía. No hay mayor necedad que inquietarse por la difamación de los infames.

Tampoco hay razón para temer aquello que solo infunde miedo por su reputación. Si el falso rumor no puede dañar al hombre honesto, tampoco la mala fama de la muerte debería perturbarte. Hace siglos que se la teme y se la maldice, pero ninguno de sus detractores la ha conocido. Es insensato condenar lo que nadie ha experimentado. Y, sin embargo, para muchos ha sido un bien, pues los ha liberado del dolor, la miseria, el tormento y las preocupaciones.

No estamos bajo el poder de nadie mientras la muerte está bajo nuestro poder.

Cuídate.

Carta 93

SOBRE LA VIDA VIRTUOSA Y SU MEDIDA

En la carta en que lloras la muerte de Metronacte y lamentas que no viviera «todo lo que podía y debía», echo en falta, querido Lucilio, esa ecuanimidad que sueles mostrar en tus asuntos. Pero, como tantos otros, has perdido la serenidad ante lo que los dioses disponen.

Cada día discutimos con el destino: «¿Por qué fue arrebatado aquel en mitad de su carrera? ¿Por qué no este otro? ¿Por qué se prolonga esa vejez que pesa tanto al que la sufre como a los que lo rodean?». Dime qué es más razonable, que tú obedezcas a la naturaleza o que la naturaleza te obedezca. ¿Qué importa partir un poco antes de un lugar del que, en todo caso, habremos de partir? No debemos desear vivir mucho, sino vivir bien; lo primero depende del azar; lo segundo, de nuestra voluntad.

La vida es larga si es plena. Y para ello el alma debe alcanzar el bien que le estaba destinado y asegurarse el poder sobre sí misma. ¿De qué sirve vivir ochenta años en la inercia? Ese no vivió, simplemente estuvo. No murió tarde, sino lentamente. Dices que «vivió ochenta años», di más bien que «duró», a menos que quieras contar su vida como la de los árboles, de los que también decimos que «viven».

Mira al otro, muerto joven. Fue buen ciudadano, buen hijo, buen amigo; cumplió con todo lo que debía. Aunque su edad fue breve, su vida estuvo llena.

El primero «duró» ochenta años; el segundo, vivió.
Te ruego, Lucilio que hagamos que nuestra vida se
parezca a las cosas preciosas, valiosa por su peso, no
por su tamaño. Midámosla por sus actos, no por su
duración.

¿Quieres ver la diferencia entre quien alcanza el
bien supremo tras vencer las adversidades y quien
solo acumula años? El primero vive aún después de
muerto; el segundo murió antes de morir. Honre-
mos, pues, a quien supo aprovechar el tiempo que
tuvo, al que reconoció la luz de la verdad y la siguió,
se apartó del vulgo y mostró firmeza. Tuvo días serenos y otros, como es natural, nublados por la fortuna. ¿Para qué preguntar cuánto vivió? Vivió lo
suficiente para dejar memoria de sí.

No despreciaría una vida larga, pero tampoco
sería menos feliz con una corta. No cuento con ese
último día que el deseo imagina, porque sé que cualquiera puede ser el último. Me preguntas si soy aún
joven o viejo, poco importa. Tengo los años que
tengo. Del mismo modo que un cuerpo puede ser bien
proporcionado sin ser alto, una vida puede ser perfecta sin ser larga. La edad es algo exterior; no está
en mi mano vivir mucho, pero sí vivir plenamente.
Solo deseo no pasar mis días en la oscuridad, ni dejar que la vida se me escape sin dejar huella.

¿Quieres saber cuál es la verdadera «extensión»
de la vida? Vivir hasta alcanzar la sabiduría. Quien
llega a ella puede decir que ha alcanzado no el fin
más largo, sino el más alto. Alégrate, entonces, y da
gracias a los dioses y a la naturaleza por haber sido,

porque devolviste la vida mejor de como la recibiste, ofreciste el ejemplo del hombre cabal, mostraste dignidad y grandeza. ¿Cambiarías algo si la vida se alargara? Sin duda, no.

¡Qué poco vivimos, y aun así queremos saberlo todo! Investigamos los secretos del universo, cómo gobierna la naturaleza los astros, las estaciones y los años; cómo unió lo disperso y se basta a sí misma. Averiguamos que los planetas giran por su propio impulso, que la Luna se adelanta y se retrasa, que recibe y pierde su luz, que el día sucede a la noche en un ciclo eterno. Pero para comprender de verdad todo eso, hay que elevar el pensamiento, liberarlo de lo bajo y contemplar el mundo desde la serenidad y la sabiduría del alma.

«Esta esperanza», dice el sabio, «y la certeza de tener abierto el camino para regresar a la compañía de los dioses no me hacen partir con impaciencia, lo he merecido. Ya he estado entre ellos muchas veces, cada vez que elevé mi pensamiento hacia lo divino y sentí su respuesta». Y aun si nada quedara del hombre tras la muerte, aun si no existiera tránsito a otro mundo, partiría con la misma serenidad, aunque todo terminara aquí.

«¡Pero no vivió tanto como podía!», dirás. ¿Y qué? ¿No sabes que hay libros breves que son los más valiosos y admirados? Nadie se acuerda de los interminables Anales de Tanusio, y hay vidas igual de tediosas. ¿Te parece más dichoso el gladiador que muere al final, degollado entre despojos, que aquel que cae combatiendo con valor? ¿Habrá quien ame tanto la vida que prefiera una larga agonía a una muerte digna y en pie?

Pasamos unos junto a otros con breves intervalos. La muerte no perdona a nadie, quien mata va tras los pasos de quien acaba de morir. Eso que tanto nos inquieta no es más que un instante. ¿Qué importa retrasar un poco lo que no puede evitarse?

Cuídate.

Carta 96

SOBRE LA PACIENCIA ANTE LOS MALES

Te indignas, te impacientas y no adviertes que el verdadero mal no está en lo que ocurre, sino en tu propia indignación. Te lo digo sin rodeos, para el ánimo fuerte nada es verdaderamente desagradable, salvo creer que lo es. El día en que no pueda soportar algo, ese día no podré soportarme a mí mismo.

¿Enfermedad? Es una disposición del destino. ¿Muere un sirviente, aprietan los acreedores, se derrumba la casa, llegan pérdidas, heridas, temores? Todo eso es común, pequeño, y *debe* acontecer, pues lo ordena la naturaleza, no el azar. Si quieres conocer mi sentir más íntimo, observa cómo actúo en la adversidad; no obedezco con amargura, sino que consiento. Sigo el decreto divino por convicción antes que por necesidad. Nada me hallará con el rostro endurecido por la ira y aceptaré sin protesta todo lo que la vida me pida, incluso el dolor o el miedo.

Por eso, querido Lucilio, no pidas privilegios ni excepciones. Te duele la vejiga, nada te sabe, enflaqueces y —si sigo— temes la muerte. ¿Y qué? ¿Acaso ignorabas que al desear una larga vida deseabas también sus cargas? En un camino extenso hay polvo, lluvia y lodo; en una vida larga, achaques y fatigas. «Quisiera vivir sin estas incomodidades», dices. Palabras débiles para un ánimo que aspira a la virtud.

Yo, desde lo más hondo, te deseo algo mejor, te deseo que los dioses te libren no de los males, sino de los halagos de la fortuna. Piensa en si pudieras elegir, ¿preferirías la taberna o el campamento? La vida, Lucilio, es lucha. Por eso honramos a quienes se esfuerzan, resisten las dificultades, emprenden acciones y afrontan peligros; ellos ocupan los primeros puestos en el ejército de la existencia. En cambio, quienes buscan una paz cómoda y se ablandan en la ociosidad mientras otros combaten no pasan de ser tórtolas mansas que nadie respeta.

Cuídate.

Carta 99

SOBRE EL CONSUELO ANTE LA MUERTE DE LOS SERES QUERIDOS

Te envío, Lucilio, la carta que escribí a Marullo, abatido por la muerte de su hijo pequeño. No adopté el tono blando de los consuelos habituales. Más que consuelo, necesitaba corrección. Concedo que, al primer golpe, se permita cierta licencia, dejar que broten las lágrimas y que el pecho se desahogue. Pero al que se obstina en llorar hay que advertirle que hay lágrimas necias.

¿Buscas consuelo? Escucha, entonces, una advertencia. Si te abates así por la muerte de un niño tan pequeño, ¿qué harías si perdieras a un amigo, cuya virtud y compañía conociste? No has perdido una vida plena, sino una breve promesa de ella. Nos empeñamos en buscar motivos de dolor y en culpar a la fortuna incluso cuando apenas nos da materia para quejarnos. Pensé que tenías temple para soportar males verdaderos, con mayor razón deberías resistir estas sombras de infortunio, que solo hieren por contagio de la costumbre.

Si llegara el golpe más duro —la pérdida de un amigo—, habría que enseñarte a estar más agradecido por haberlo tenido que triste por haberlo perdido. El dolor, además de inútil, es ingrato, pues sepulta con el difunto los años compartidos. El pasado es lo único seguro que poseemos, y la esperanza del futuro nos vuelve desagradecidos con lo ya recibido.

No faltan ejemplos de padres que, tras sepultar a un hijo, regresaron al Senado o reanudaron su labor sin dejarse abatir. No lo hicieron por dureza, sino por sabiduría, ya que el dolor nada remedia y es injusto lamentar lo que a todos nos aguarda. Llorar por lo inevitable es ignorar la naturaleza de la vida. Entre el que muere y el que llora media apenas un breve trecho, seguimos de cerca a quienes se nos adelantan. ¡Qué gran insensatez afligirse por lo que no puede evitarse!

Preguntar si un hombre ha muerto es preguntar si fue hombre, pues vivir es avanzar hacia la muerte. Cambia la duración, no el destino. Si miras las miserias de la vida, hasta un niño ha vivido bastante; si miras su brevedad, ni un anciano ha vivido mucho. Todo pasa, solo la muerte permanece.

«¡Murió siendo un niño!». No digo que sea dicha morir pronto; sino que midas, frente a la inmensidad del tiempo, lo breve de la vida humana. ¿Cuánto de ella se consume en la infancia indefensa, en la enfermedad, en el miedo o en las vigilias? El sueño nos roba una gran parte. Entre fatigas y peligros, incluso la vida más larga contiene pocas vivencias. ¿Y no es acaso un favor volver al punto de partida antes de cansarse?

La vida no es ni bien ni mal, es el terreno donde podemos obrar bien o mal. Aquel niño perdió la libertad que tantos convierten en su ruina. Tal vez habría sido prudente; pero también, como tantos, podría haberse perdido. No agrandes con lamentos una pequeña pérdida.

No te exhorto a que tengas el corazón de piedra ni el rostro inalterable junto a la pira. Sería inhumano no conmoverse ante los propios, pero también lo es rendirse al espectáculo del duelo. Deja fluir las lágrimas que la naturaleza reclama, pero no invoques las que dicta la costumbre. Que corran hasta donde pida la pena, no hasta donde lo apruebe el público. Verás a muchos que sollozan cuando los miran y callan cuando están solos, la exhibición exige algo más que el dolor. Mide tu tristeza con la razón, no con los ojos ajenos. Al que permanece firme lo llaman cruel; al que se derrumba, débil. Conserva, aun en el dolor, la dignidad que da el dominio de uno mismo.

Hay lágrimas que brotan sin querer —ante la primera noticia o en el último abrazo—, y otras que dejamos venir cuando el recuerdo se vuelve tierno y humedece los ojos, como ocurre también con la alegría. No ocultes las primeras ni provoques las segundas. He visto a hombres venerables llorar con nobleza: obedecían a la naturaleza sin perder la dignidad.

Habla de tu hijo, pero sin desgarrarte. Recordar es un acto de piedad, llorar sin término es una crueldad contra su memoria. Peor que llorar demasiado es olvidar demasiado pronto. Así aman las aves a sus crías, con una breve ternura. Al hombre prudente le conviene perseverar en el recuerdo y poner fin al llanto.

No puedo aprobar a Metrodoro cuando dice que «hay placeres mezclados con la tristeza y que conviene saborearlos». ¿Qué puede haber más torpe que buscar deleite en el duelo? Nos llaman severos porque no dejamos entrar al dolor en el alma o porque lo expulsamos pronto. Pero dime qué es más inhumano, resistir al dolor o mezclarlo con el placer. Recházalo con remedio firme y sobrio, recuerda que nada puede dañar a quien ya no existe. Si siente, vive; y si no vive, no siente. ¿Le crees desdichado por no existir, o por existir en otro lugar? En ninguno de los dos casos hay mal alguno.

Di al que llora por su hijo: «Somos iguales, jóvenes y viejos, ante el fin, si lo mides con la duración del universo: nuestra parte en él es casi nada. Y, sin embargo, ¡cuánta importancia damos a lo que apenas es un instante!».

Te escribo no porque crea ofrecerte un remedio tardío ni porque ignore que nada de esto te es nuevo, sino para recordarte quién eres: has olvidado tu fortaleza por unos días. Recóbrate, resiste. Considera los golpes de la fortuna no como posibles, sino como seguros; así, cuando lleguen, dolerán menos.

Así es, Lucilio, la vida es lucha.

Cuídate.

Carta 101

SOBRE LA MUERTE DE SENECIÓN

Cada día, cada hora, la vida nos recuerda su fragilidad. Todo nos muestra la inconsistencia de nuestro ser y nos obliga, por cualquier motivo, a pensar en la muerte, incluso mientras hacemos planes como si fuéramos eternos. ¿Quieres saber a qué me refiero?

Conociste a Cornelio Senecion, caballero romano, hombre rico y servicial. De origen humilde, había ascendido con rapidez hacia los honores, pues la grandeza avanza con más facilidad que empieza, y la fortuna, lenta con el pobre, suele mostrarse pródiga con quien ya la disfruta.

Senecion amaba las riquezas con pasión, impulsado por dos fuerzas poderosas: sabía cómo ganarlas y cómo conservarlas. Una sola de esas habilidades bastaría para hacer a un hombre poderoso. Era extremadamente cuidadoso, tanto con sus bienes como con su salud. Una mañana vino a visitarme, como solía. Después pasó el día acompañando a un amigo gravemente enfermo y sin esperanza. Aquella misma noche, tras cenar alegremente, fue atacado por una angina repentina que le oprimió la garganta. Al amanecer, falleció, pocas horas después de haber cumplido con los oficios de un hombre sano.

Aquel que hacía circular su dinero por mar y tierra, que participaba en rentas públicas y que recibía beneficios por todas partes, fue arrebatado en el momento en que todo prosperaba para él.

¡Qué insensatez pretender disponer de toda la vida cuando ni siquiera somos dueños del mañana! ¡Qué locura alimentar deseos que se extienden más allá de nuestros días! «Comprar, edificar, ganar, obtener honores… y cuando me canse, descansaré en la vejez». Créeme, nada hay más incierto que el porvenir, incluso para los afortunados. Nadie puede prometerse nada. Lo que creemos poseer se nos escapa; lo que estrechamos con fuerza lo arrebata el azar.

El tiempo avanza con paso regular, pero su dirección nos es desconocida. ¿De qué sirve que la naturaleza siga un orden constante, si para nosotros todo resulta incierto? Planeamos largos viajes a tierras lejanas, guerras con recompensas tardías, carreras hacia honores que tal vez nunca alcancemos… y, entretanto, la muerte camina a nuestro lado.

Solo pensamos en ella cuando la vemos en otros, pero la naturaleza nos recuerda sin cesar nuestra mortalidad con ejemplos terribles, que nos conmueven solo mientras nos sorprenden.

El término de nuestra vida está fijado por un decreto inmutable del destino, aunque nadie sabe cuándo llegará. Preparemos, pues, el ánimo como si ya hubiéramos alcanzado el último instante. No esperemos más, cada día debemos estar dispuestos a devolver a la vida lo que hemos recibido de ella.

Su mayor defecto es que siempre permanece inacabada, siempre queda algo por hacer. Quien ha dado forma completa a su vida ya no necesita el tiempo. De esa carencia surgen el temor y la ansiedad por el futuro que turban el alma. Nada hay más desdichado que vivir en inquietud constante por lo que ha de venir.

¿Y cómo librarse de esa oscilación? Sin esperar, viviendo plenamente el presente. Porque quien no aprovecha el hoy queda suspendido en la incertidumbre del mañana.

Cuando uno se ha saldado la deuda consigo mismo —cuando comprende que un día y un siglo apenas se diferencian—, contempla con serenidad el paso del tiempo y los cambios del mundo, y se burla de la inconstancia de los sucesos. ¿Cómo podrían alterar los contratiempos menores a quien ha aprendido a mantenerse firme ante lo incierto?

Por eso, querido Lucilio, apresúrate a vivir y considera cada día como una vida entera. Quien logra disponer así su mente alcanza la paz perfecta. En cambio, quienes se prometen largos años dejan escapar el presente, se aferran excesivamente a la vida y sienten un pavor inmenso ante la muerte, y de ese miedo nacen todas las miserias humanas.

De ahí procede el deseo insensato de Mecenas, que preferiría soportar cualquier enfermedad, mutilación o tormento con tal de prolongar su existencia: «Hazme débil de manos, cojo, jorobado; hazme temblar los dientes… mientras viva, todo estará bien. Aun clavado en una cruz afilada, lo soportaré».

Desear vivir a cualquier precio es el peor de los males. Mecenas implora que su vida, quebrada y torturada, se prolongue en el dolor. Quiere alargar el suplicio, cuando precisamente su término sería el mayor alivio. ¿Vale la pena conservar la vida para perderla mil veces?

¿Qué otra cosa puede desearse para él, sino que los dioses le concedan lo que pide? ¿Qué significan esos versos tan débiles, ese pacto vergonzoso con el miedo? ¿Debe rogarse de forma tan indigna por seguir viviendo? ¿No dijo Virgilio que era desgracia morir, pero aún peor prolongar la agonía?

¿Qué espera ganar quien pide más tiempo solo para seguir sufriendo? ¿Puede llamarse vida a una muerte prolongada? ¿Habrá alguien que prefiera consumirse en tormentos, perder los miembros uno a uno, el alma gota a gota, antes que morir de una vez?

¿Habrá quien, atado al poste del suplicio, golpeado hasta el agotamiento, con el cuerpo cubierto de heridas, desee aún alargar una vida que solo multiplica sus tormentos?

No digas, entonces, que no es un gran favor de la naturaleza el don mismo de morir. Muchos, sin embargo, llegan a pactos aún más indignos: traicionan a sus amigos, prostituyen a sus hijos, hacen cuanto sea preciso por vivir un día más, por seguir viendo la luz que solo sirve para exponer su vergüenza.

Debemos liberarnos del apego a la vida y entender que no importa cuándo ha de llegar. Lo esencial no es vivir mucho, sino vivir bien; y, a menudo, vivir bien consiste precisamente en vivir poco.

Cuídate.

Carta 104

SOBRE LOS VIAJES, QUE NO CURAN LOS MALES DE ESPÍRITU

He huido a mi casa de Nomentana. ¿De quién? De la ciudad... o, mejor dicho, de la fiebre que me atormentaba. Mandé preparar el carruaje de inmediato, aunque Paulina intentaba retenerme. Aun así, insistí en marcharme. Recordé entonces lo que una vez dijo Galión: que en el primer ataque de fiebre que sufrió en Acaya se embarcó diciendo que su mal no era del cuerpo, sino del lugar. Eso mismo respondí a Paulina, que con razón me pedía prudencia.

Como sé que su salud depende de la mía, he comenzado a preocuparme por conservarme para cuidarla. Así pierdo una de las ventajas —aunque dura— de la vejez, la indiferencia ante la vida. Pienso que dentro de este anciano hay alguien que protege a una joven. Y como ya no puedo pedirle más amor, ella me exige mayor cuidado.

Debemos valorar estos afectos honestos; por muy poderosas que sean las razones que nos inviten a dejar la vida, conviene permanecer en ella por el bien de quienes nos aman, aunque cueste. El hombre bueno no vive solo el tiempo que desea, sino el tiempo en que puede ser útil. Quien no aprecia lo bastante a su esposa o a su amigo como para quedarse y persiste en morir no es valiente, es débil.

Domínate y no busques la muerte como alivio. Si has empezado a desearla, apártate de ella por el bien de los tuyos. Es propio de un ánimo valeroso permanecer en la vida cuando su permanencia sirve a otros, como es una muestra de bondad cuidarse con más esmero en la vejez, aunque su mayor privilegio sea disponer libremente de la vida. Gran placer es sentirse tan amado que uno se vea obligado a amarse para seguir amando.

¿Quieres saber el efecto del viaje? Apenas dejé el aire pesado de la ciudad y el humo de las cocinas —que al limpiarlas arrojan polvo y un vaho sofocante—, sentí alivio inmediato. ¿Cuánto crees que recobré al llegar a los viñedos? En el campo me volvió el apetito y, con él, las fuerzas. La languidez desapareció, y ahora estudio con ánimo tranquilo. No porque el lugar obre el milagro, sino porque el espíritu, al recogerse, recupera su salud. Quien busca descanso cambiando de país y de paisaje, sin corregirse a sí mismo, en todas partes hallará motivo de inquietud.

Cuentan que Sócrates respondió a quien se quejaba de no mejorar con los viajes: «No es de extrañar: llevabas contigo la causa de tu mal». ¡Cuánto ganarían algunos si pudieran separarse de sí mismos! Pero allá donde van se inquietan, se asustan y se corrompen. ¿De qué sirve cruzar mares o cambiar de ciudad? Si quieres librarte de las pasiones que te atormentan, cambia de vida, no de lugar. Ve a Atenas o a Rodas, adonde quieras: vivirás como vivas, no donde vivas.

Si consideras las riquezas un bien, te atormentará la pobreza —y más aún la imaginaria—; aunque poseas mucho, si ves a otro con más, creerás carecer de cuanto en él te aventaja. Si pones la felicidad en los honores, sufrirás al ver a uno cónsul por primera vez y a otro por segunda; tan febril será tu ambición que te creerás el último solo porque alguien te precede.

Tendrás a la muerte por el mayor de los males, aunque no encierra otro mal que el temor que le precede. Te asustarán no solo los peligros, sino también su sombra; y el ánimo, una vez turbado, desconfiará incluso de lo seguro. El hábito de temer sin razón deja al hombre indefenso: huye del mal y, al huir, se expone más a él, pues quien da la espalda recibe sus golpes.

Llorarás como pérdida suprema a quien amabas, pero eso es como llorar por las hojas que caen de los árboles del jardín. Todo lo que nos agrada está destinado a caer. Así obra la naturaleza, el azar nos arrebata siempre algo. Del mismo modo que aceptamos sin lamento la caída del follaje porque la primavera lo renueva, debemos aceptar nuestras pérdidas. Lo que se ha ido no renace, pero la vida ofrece nuevos afectos y nuevos motivos para seguir. «No serán los mismos», dirás. Tampoco lo serás tú. Cada día y cada hora te transforman; el cambio en nosotros es continuo, aunque invisible.

No aplicas el remedio donde duele, alimentas tu herida con inquietudes, ya esperando demasiado, ya temiendo en exceso. Si eres sabio, aprenderás a equilibrar ambas cosas, no esperarás sin cautela ni desesperarás sin esperanza. El ánimo sereno no se entrega por completo al porvenir ni se rinde del todo a la adversidad; se mantiene preparado para ambos, y así conserva la paz.

Los viajes no moderan la codicia ni la ira, no doman la lujuria ni curan las enfermedades del alma. No enseñan rectitud ni disipan el error; solo distraen un rato, como al niño asombra lo que nunca antes había visto. Además, el continuo movimiento alimenta la inconstancia del espíritu. Por eso muchos parten con ansia hacia lugares soñados y regresan con más prisa aún, como aves migratorias incapaces de hallar reposo.

Viajar te mostrará montañas de formas insólitas, valles verdes, ríos admirables: el Nilo, que crece en verano; el Tigris, que se oculta y reaparece; el Meandro, que inspira a los poetas con sus giros. Pero nada de eso te hará mejor. No es el paisaje lo que ennoblece, sino el pensamiento. Hay que estudiar, dialogar con los sabios, aprender lo ya descubierto e investigar lo que aún se ignora. Solo así el alma se libera de la servidumbre y alcanza la verdadera libertad.

Mientras no sepas qué debes evitar o desear, qué es necesario o superfluo, qué es justo o bueno, no viajarás, vagarás. Tus pasiones irán contigo —ojalá solo detrás—, pues las llevas dentro y por eso te perturban en cualquier lugar.

El enfermo necesita medicina, no paisajes. Si alguien se rompe una pierna, no sube a un carro ni se embarca, busca al médico para que le recomponga el hueso. ¿Crees que el cambio de lugar puede curar un ánimo fracturado? El mal es demasiado hondo para sanar con traslados. Los caminos no hacen al médico ni al orador; y la sabiduría, la más alta de las artes, ¿se hallará acaso en las posadas? Créeme, no existe sendero que conduzca fuera de la ira, la codicia o el miedo. Si lo hubiera, toda la humanidad lo recorrería.

Estas dolencias te seguirán por mar y tierra mientras lleves dentro la causa que las engendra. Antes de viajar, corrígete, aligera la carga, pon límites a tus deseos y arranca de tu alma la malicia. Si quieres que tus viajes sean gratos, cura primero a tu compañero, a ti mismo.

No escaparás de la avaricia mientras acompañes al avaro, ni de la soberbia si caminas junto al orgulloso, ni perderás la crueldad si viajas con el verdugo. El trato del adúltero encenderá tus deseos. Si quieres dejar el vicio, apártate de los malos ejemplos. El avaro, el impúdico, el cruel y el falso que temes a tu alrededor están dentro de ti.

Busca mejor compañía, puedes estar con Catón, con Lelio o con Tuberón. Si prefieres a los griegos, conversa con Sócrates y con Zenón; el primero te enseñará a morir cuando llegue la hora; el segundo, a estar preparado antes de que llegue. Habla con Crisipo y con Posidonio, ellos te darán ciencia de lo humano y lo divino. No se contentarán con que hables bien o cautives al auditorio; te urgirán a obrar, a fortalecer el ánimo y a mantenerte firme ante las amenazas. Porque la vida, ese mar siempre agitado, no tiene otro puerto que el desprecio de lo que sobrevenga: mantenerse erguido, no huir de la fortuna, recibir sus golpes con pecho fuerte.

La naturaleza nos hizo magnánimos. Así como a unos animales dio ferocidad, a otros astucia o miedo, a nosotros nos dio un espíritu elevado, que prefiere la dignidad a la seguridad, un espíritu que imita al universo al que pertenece, tanto como le permiten sus fuerzas.

Es un espectáculo admirable: el hombre, señor de todo, que no se somete a nada ni hay peso que lo doblegue. «El trabajo y la muerte son horribles», dice nuestro Virgilio, «pero horribles solo a la vista, no en verdad». De noche, las sombras espantan cosas que a la luz nos hacen reír. ¿Qué tienen, pues, de temibles? ¿Cómo podría temer el esfuerzo el fuerte, o la muerte el sabio?

Algunos juzgan imposible lo que no quieren intentar, y nos acusan de exigir más de lo que permite la naturaleza. ¡Cuánto mejor pienso yo de ellos! Pueden, pero no quieren. ¿Quién emprendió algo grande sin descubrir que la dificultad se hacía menor a medida que avanzaba? No es la dificultad la que impide el valor, de la falta de valor nace cualquier dificultad.

¿Quieres ejemplos? Sócrates: anciano paciente, invencible en la pobreza, firme tanto en la guerra como en su casa, donde lo acosaban su esposa y sus hijos. Vivió entre guerras y tiranías, y cuando llegó la libertad, le resultó más dura que ambas. Fue acusado de impiedad, condenado a prisión y al veneno, y nada alteró su ánimo ni el color de su rostro; conservó hasta el final una serenidad admirable, igual en todas las mudanzas de la fortuna.

Catón el Joven: la fortuna fue con él hostil y tenaz, incluso en la muerte. Y aun así mostró que el hombre fuerte puede vivir y morir sin pedir permiso a la fortuna. Toda su vida transcurrió entre guerras civiles y tiempos adversos, y siempre permaneció igual: en el foro, en el ejército y ante la muerte. En la gran agonía de la República, cuando César contaba seis legiones y Pompeyo otras tantas, él solo fue el partido de la libertad. «Si vence César, moriré; si vence Pompeyo, me iré al destierro». ¿Qué podía temer quien, en cualquier desenlace, ya había elegido su destino?

Condujo a su ejército a pie por los desiertos africanos, soportó la sed bajo un sol abrasador sin quitarse la coraza y, cuando hallaba agua, bebía el último. El día que le negaron el consulado, jugó a la pelota en la plaza. Provocó a César y a Pompeyo cuando nadie osaba irritar a uno sin congraciarse con el otro. Se sentenció él mismo a la muerte o al destierro, y entretanto siguió combatiendo. Tanto podemos como él, si aprendemos a romper el yugo.

Primero, rechaza los placeres, pues ablandan el ánimo, lo debilitan y lo hacen esclavo de la fortuna. Después, desprecia las riquezas, pues son el precio y el premio de la servidumbre. Renuncia al oro, a la plata y a todo cuanto adorna las casas opulentas, porque la libertad no se compra sin costo. Si la valoras como merece, todo lo demás te resultará insignificante.

Cuídate.

Carta 108

SOBRE CÓMO ESCUCHAR A LOS FILÓSOFOS

Lo que me preguntas pertenece a esas cosas que conviene comprender de verdad, y no solo conocer para poder decir que se conocen. Pero como me apremias y no quieres esperar al libro en el que trato con orden todo lo relativo a la filosofía moral, te responderé ahora mismo.

Antes, sin embargo, debo indicarte cómo ordenar esa avidez de aprender que te impulsa, para que no se obstaculice a sí misma. No se debe estudiar a saltos ni pretender abarcar el conjunto de una sola vez; se alcanza el todo avanzando por partes. Mide la carga según tus fuerzas, no tomes más de lo que puedas sostener. Abraza no lo que desees, sino lo que puedas; y podrás cuanto quieras si dispones bien el ánimo, porque cuanto más recibe, más se ensancha su capacidad.

Recuerdo que Átalo solía repetir esto cuando asistíamos a su escuela con tanta pasión que llegábamos los primeros y nos íbamos los últimos. Incluso durante los paseos le planteábamos cuestiones, y él respondía con tal entusiasmo que muchas veces se nos adelantaba. «Es necesario», decía, «que maestro y discípulo tengan un mismo propósito: el uno, enseñar con provecho; el otro, aprender con aprovechamiento».

Quien acude a las escuelas de filosofía debe procurar llevarse cada día algo valioso y retirarse mejor de lo que llegó, o al menos más dispuesto a mejorar. Y así sucederá, porque la filosofía beneficia tanto a quien la escucha como a quien la enseña. Quien camina bajo el sol, aunque no lo advierta, se broncea; quien entra en una perfumería, por poco que se detenga, sale impregnado de aroma. Del mismo modo, es imposible conversar con un filósofo sin obtener algún fruto, por grande que sea la negligencia. Observa que digo *negligencia* y no *repugnancia*.

«¿Acaso no hemos conocido a muchos que, tras largos años de escuela, no han adquirido ni el más leve reflejo de lo que aprendieron?», dirás. Por supuesto. Constantes y puntuales eran, pero a esos no los llamo discípulos de los filósofos, sino inquilinos de sus escuelas. Algunos acuden a escuchar, no a aprender; van como quien asiste al teatro, atraído por unos versos hermosos, una voz agradable o una fábula ingeniosa. Verás que muchos frecuentan la escuela del filósofo como si fuera un lugar de recreo. No buscan desprenderse allí de ningún defecto ni adoptar un modelo que ordene su vida, solo pretenden deleitar el oído.

Hay también quienes llevan tablillas, no para anotar lo esencial, sino para recoger frases que repetirán después a otros, que las aprovecharán del mismo modo. Algunos se conmueven ante los discursos brillantes y se identifican tanto con el orador que reflejan en el rostro su entusiasmo, poco más o menos como los sacerdotes frigios que entran en éxtasis al son de la flauta. Otros, en cambio, se dejan arrastrar por la belleza de las ideas, no de las palabras; cuando se habla de afrontar la muerte o de resistir los golpes de la fortuna, se declaran dispuestos a hacerlo. Estos reciben una impresión profunda y adoptan la forma que se les da, pero solo mientras dura el impulso; cuando el hábito vicioso —que rechaza todo lo honesto— vuelve a imponerse, apaga aquel primer fervor. En resumen, son muy pocos los que llevan a casa las resoluciones que formaron en la escuela.

Es fácil despertar en quien escucha el amor por lo justo, porque la naturaleza ha sembrado en todos nosotros los cimientos y las semillas de la virtud que, aunque dormidas, despiertan apenas se las toca. Hemos nacido para hacerlas fructificar.

¿No ves cómo en el teatro se aplaude siempre que alguien pronuncia una verdad que todos reconocen? «Muchas cosas le faltan al pobre; al avaro, todas. Y el avaro, siendo dañino para todos, es el peor enemigo de sí mismo». Incluso el miserable aplaude esta sentencia y celebra la condena de su propio vicio.

¿No crees que sería aún más eficaz si un filósofo expresara tales verdades, mezclando los versos con preceptos saludables para que calasen más hondo en el ánimo de los ignorantes? Como decía Cleantes, «así como el aire resuena con más fuerza al pasar por el cuello estrecho de la trompeta y salir por una abertura amplia, del mismo modo la medida exacta del verso da a nuestros pensamientos mayor potencia». Lo que oído en prosa apenas conmueve, en el ritmo del verso despierta una resonancia interior, como si brotara del alma misma.

Se habla mucho del desprecio del dinero; abundan los discursos que intentan persuadirnos de que la verdadera riqueza está en la grandeza del ánimo, no en los bienes materiales; que puede considerarse rico aquel que, conforme con su pobreza, se siente opulento con muy poco. Pero todo esto cobra más fuerza cuando se expresa con un lenguaje poético: «Lo quiere todo quien menos desea; tiene cuanto quiere quien quiere lo suficiente».

En cuanto escuchamos algo así, nos vemos forzados a reconocer la verdad que encierra. Incluso quienes nunca se sacian de riquezas lo admiran, lo celebran y proclaman su enemistad contra el dinero. Cuando los veas en ese estado, aprémiales: empújalos con decisión, insiste en la condena del vicio sin rodeos, sin sutilezas ni razonamientos vacíos. Habla con firmeza contra la avaricia y al exceso de comodidad; si notas que tus palabras calan y penetran en el ánimo de los oyentes, continúa con ardor.

No se puede calcular cuánto bien produce un discurso que actúa como remedio y tiene por fin el bien de quien escucha. Aun así, es cierto que las almas jóvenes o tiernas se conducen más fácilmente hacia el amor por lo justo y lo honesto; la verdad se apodera enseguida del espíritu dócil —y solo ligeramente corrompido— si un buen maestro la inculca con fuerza y convicción.

En cuanto a mí, cuando escuchaba a Átalo disertar contra los vicios, los errores y los males de la vida, sentía compasión por el género humano y llegué a considerarlo un espíritu por encima de todos. Se llamaba a sí mismo *rey*; pero a mí me parecía aún más grande el poder de quien se atreve a reprender a los que reinan.

Cuando elogiaba la pobreza y mostraba que todo lo que no sirve para nuestro uso es solo un peso inútil y molesto para quien lo carga, más de una vez deseé salir pobre de su escuela. Y cuando arremetía contra las voluptuosidades y ensalzaba la castidad, la sobriedad y la pureza de ánimo, sentía el deseo de moderar mis palabras, de refrenar mis sentidos y desterrar todo placer vano o superfluo.

De aquellos preceptos que abracé con entusiasmo, algo me ha quedado aún, querido Lucilio, y lo he conservado incluso en la vida pública. Por eso renuncié para siempre a las ostras y a las setas; no son alimentos, sino excitantes del apetito, que incitan a comer a quien ya está saciado y sobrecargan el estómago más allá de sus fuerzas. Se tragan con facilidad, y con la misma facilidad se devuelven.

También me abstuve de los perfumes: el cuerpo nunca huele mejor que cuando no huele a nada. Y abandoné durante largos periodos el vino y el baño, comprendiendo que era un exceso inútil secar el cuerpo a base de sudores artificiales. Algunas costumbres que había desterrado regresaron con el tiempo; aun así, las practico con una moderación muy cercana a la abstinencia. Y eso, en verdad, me parece más difícil, porque a veces resulta más fácil renunciar del todo que saber contenerse.

Ya que he comenzado a contarte con cuánta impaciencia me acerqué a la filosofía en mi juventud —más incluso que ahora, en la vejez—, quiero hablarte también de cómo fue Soción quien me llevó a admirar a Pitágoras. Me explicaba por qué este se abstuvo de comer carne y por qué después lo hizo Sextio, ambos por razones distintas, pero igualmente nobles.

Sextio sostenía que el ser humano dispone de abundantes alimentos que no requieren sangre, y que quien se complace en masticar carne acaba acostumbrándose a la crueldad. Añadía que conviene apartarse de todo lo que estimula la voluptuosidad, y que la excesiva variedad de manjares perjudica al cuerpo y alimenta la enfermedad.

Pitágoras, en cambio, afirmaba que todo en la naturaleza está unido, y que, por una comunicación recíproca, las cosas transitan de una forma a otra. Según él —si hemos de creerlo— el alma no muere, solo interrumpe su existencia por un breve lapso antes de entrar en otro cuerpo. Tras un largo ciclo de transformaciones, vuelve finalmente al ser humano. Con esta doctrina buscaba infundir horror al crimen y al parricidio, pues podía suceder —decía— que alguien, sin saberlo, atentara contra el alma de su padre o desgarrara el cuerpo que albergaba el espíritu de un pariente.

Después de explicarme todo esto y de reforzarlo con sus propios razonamientos, me dijo Soción: «¿No crees que las almas pasan sucesivamente de un cuerpo a otro, que lo que llamamos muerte no es más que una transmigración? ¿No crees que el alma de quien fue hombre puede hallarse ahora en algún animal terrestre o acuático? ¿Que nada perece, sino que todo cambia de lugar? ¿Que las almas y las criaturas, al igual que los astros, giran siguiendo ciclos regulares? Hombres sabios lo han creído así. Suspende tu juicio y deja las cosas abiertas. Si es verdad, abstenerse de carne habrá sido un acto de inocencia; si es falso, al menos habrás practicado la frugalidad. ¿Qué pierdes con creerlo? Solo renuncias al alimento propio de leones y buitres».

Convencido por estas palabras, comencé a abstenerme de carne, y un solo año bastó para que esa costumbre me resultara fácil y agradable. Me parecía tener el espíritu más claro, aunque hoy no me atrevería a asegurarlo.

¿Quieres saber por qué lo dejé? Aún era joven en aquellos tiempos del emperador Tiberio. Se perseguían los cultos extranjeros, y ciertas abstinencias alimentarias se tomaban por signos de superstición. Mi padre, más temeroso de las sospechas que contrario a la filosofía, me hizo volver con sus ruegos a mis antiguos hábitos, y no le costó mucho trabajo hacerme comer mejor.

Átalo, por su parte, elogiaba los lechos en los que el cuerpo no se hunde. Yo, ya viejo, sigo usando uno así, tan firme que no deja huella.

Te cuento todo esto para mostrarte con qué fervor se inclinan los jóvenes hacia el bien cuando alguien los guía con rectitud. Pero hay vicio tanto en los maestros que enseñan a discutir y no a vivir, como en los discípulos que escuchan más para adquirir fama de sabios que para corregirse. Por eso la filosofía se ha transformado en pura especulación. De ahí la importancia de orientar bien la intención cuando emprendemos cualquier aprendizaje. Quien quiere ser gramático, al leer aquel verso de Virgilio —«huye, irreparable, el tiempo»—, no se detiene en su sentido profundo: que conviene mantenerse vigilantes, que si no avanzamos retrocedemos, que el tiempo pasa y nos arrastra, que lo postergamos todo para el futuro y dormimos al borde del abismo. Solo repara en el detalle lingüístico de que Virgilio usa el verbo *huir* al hablar del tiempo.

«Los mejores días de la mísera vida mortal son los primeros en huir; llegan las enfermedades, la triste vejez, las fatigas y la inexorable dureza de la muerte arrebata». Quien piensa como filósofo devuelve a esos versos su verdadero peso: advierte que Virgilio no dice *el tiempo pasa*, sino *huye*, el modo más rápido de correr; y que, además, los mejores días de nuestra vida son los primeros en escapar.

¿Por qué no apresurarnos, entonces, con igual diligencia, a seguir el paso de algo tan veloz? Lo mejor se nos va por delante y lo peor queda para el final. Como en las ánforas, lo más puro se vierte primero, lo turbio se deposita al fondo. Así también en la vida, damos a otros lo más noble y nos reservamos los posos.

Grábate esto en el alma como si fuera un oráculo: «Los mejores días de la vida mortal son los primeros en huir».

¿Por qué los mejores? Porque lo que queda es incierto. ¿Por qué los mejores? Porque en la juventud aún podemos orientar el espíritu hacia el bien, todavía es flexible. Es la edad propicia para el esfuerzo, para cultivar la mente con el estudio y fortalecer el cuerpo con el ejercicio. Lo que viene después es más débil y más próximo al fin.

Trabajemos, pues, con empeño. Apartemos lo que nos dispersa y evitemos el reproche de no haber comprendido a tiempo la urgencia de la vida, que no se detiene y solo lo entendemos cuando ya nos hemos quedado atrás. Que cada día nos resulte tan valioso como si fuera el primero y el más dichoso, y sepamos aprovecharlo, hay que adueñarse de lo que huye.

Quien lee esos versos con mirada de gramático no piensa que los días más felices son los primeros —porque tras ellos llegan las enfermedades, avanza la vejez y blanquea la cabeza de quienes aún se creían jóvenes—, solo observa que Virgilio une siempre «enfermedades» y «vejez». Y con razón, la vejez no es sino una enfermedad incurable. Añade, además, un calificativo justo: «llegan las enfermedades y la triste vejez».

No es de extrañar que, a partir de una misma materia, cada cual extraiga lo que se ajusta a sus intereses. En un mismo prado, el buey busca hierba, el perro persigue a la liebre y la cigüeña acecha al lagarto. Del mismo modo, cuando distintos lectores toman los libros de Cicerón *Sobre la república*, un filólogo, un gramático y un filósofo harán observaciones muy diferentes.

El filósofo se asombra de «que pueda decirse tanto contra la justicia». El filólogo, al llegar al mismo pasaje, advierte «que hubo dos reyes romanos de los cuales a uno no se le conoce padre y al otro no se le reconoce madre»: se duda de la madre de Servio Tulio y no se menciona al padre de Anco, al que se llama nieto de Numa. Añade también «que lo que hoy llamamos *dictador* se llamó antiguamente *maestro del pueblo*», como se ve en los libros de los augures, de donde procede también el título de *maestro de la caballería*. Señala, además, que «Rómulo murió durante un eclipse de sol» y que en otro tiempo «existía apelación de los reyes al pueblo», según deduce Fenestela, a partir de los libros de los pontífices.

Cuando el gramático se pone a comentar esos mismos textos, observa primero que Cicerón escribe *reapse* en lugar de *reipsa* y *sepse* por *seipse*. Luego repara en palabras cuyo uso ha cambiado con el tiempo-donde Cicerón dice «*Quoniam sumus ab ipsa calce eius interpellatione revocati*», el término *calx* —que los antiguos usaban para designar el límite final del circo— ha sido sustituido en nuestra época por *creta*.

A continuación, resume los versos de Ennio, especialmente los dedicados al Africano: «Nadie —ni ciudadano ni enemigo— pudo pagar con obras el precio debido por sus hechos». De ahí concluye que la palabra *opera* significó antes «trabajo» más que «ayuda». Se alegra también de haber comprendido por qué Virgilio escribió: «Sobre él truena la gran puerta del cielo», verso que Ennio había tomado de Homero y que Virgilio tomó después de Ennio.

Y encuentra aún en esos mismos libros de Cicerón este epigrama del propio Ennio: «Si a alguien le es dado ascender a las regiones celestes, a mí solo se me abre la puerta mayor del cielo».

Pero, para no parecer yo mismo filólogo o gramático mientras hablo de otros, te diré que todo lo que leamos en los filósofos debemos referirlo a nuestro propósito de alcanzar una vida feliz. No nos detengamos en palabras antiguas ni en giros rebuscados; atendamos, más bien, a las advertencias útiles y a las palabras que puedan transformarse en actos. Aprendamos de tal modo que lo que fue discurso se convierta de inmediato en acción.

Nadie ha causado tanto daño a la filosofía como quienes la convirtieron en un oficio lucrativo y viven de manera contraria a lo que enseñan, sometidos a los mismos vicios que condenan son la prueba viviente de una doctrina inútil. Un maestro así me sirve tanto como un piloto mareado en plena tempestad. Es precisamente en medio del oleaje cuando hay que aferrar con fuerza el timón, resistir al mar y soltar solo lo necesario de las velas que el viento amenaza con arrancar. ¿De qué me sirve un timonel que vomita y tiembla? ¿Y qué nave está más agitada que nuestra propia vida? No se trata de hablar bien, sino de gobernarse bien.

Todo cuanto esos maestros repiten y muestran ante sus oyentes no les pertenece más que a nosotros: se limitan a citar —«lo dijo Platón, lo dijo Zenón, lo dijo Crisipo, lo dijo Posidonio…»— sin hacerlo suyo. Yo, en cambio, les mostraré el modo de apropiárselo de verdad: que vivan como hablan, que conviertan en conducta lo que proclaman con palabras.

Ya te he dicho lo que quería decirte; reservaré una carta entera para tratar lo que tú deseas, no sea que te alejes fatigado de un asunto tan arduo, que requiere un oyente atento y con verdadero deseo de aprender.

Cuídate.

Carta 110

SOBRE ALIMENTAR LOS VICIOS
CON LOS VIENES MATERIALES

Te saludo desde mi casa de Nomentana y te deseo esa serenidad que solo nace de una conciencia tranquila; o, dicho de otro modo, que los dioses te sean tan favorables como lo son con quien ha sabido hacerse propicio a sí mismo.

No prestes oídos a quienes sostienen que cada persona tiene un dios particular que le tutela, uno de esos dioses menores que —como decía Ovidio— proceden de la plebe celestial. Recuerda, sin embargo, que nuestros antepasados, aun creyendo en ello, seguían siendo estoicos, pues atribuían a cada hombre su propio genio o su Juno, no como superstición, sino como símbolo del espíritu que guía a cada uno.

Algún día podremos discutir si los dioses disponen de tiempo y cuidado para atender los asuntos particulares de cada uno de nosotros. Pero, ya sea que nos guíe una divinidad o el azar, ten por cierto esto: el peor mal que puede sufrir un ser humano es no estar en paz consigo mismo. No es necesario invocar la cólera de los dioses contra el malvado, ellos le son contrarios incluso cuando parece que lo favorecen.

Mira con atención las cosas tal como son, no como aparentan ser, y verás que con frecuencia los éxitos nos dañan más que las desgracias. ¿Cuántas veces una gran adversidad ha sido el origen de un bien mayor? ¿Y cuántas un honor recibido con júbilo ha abierto bajo los pies de quien lo gozaba el abismo en que acabaría cayendo?

De todos modos, esa caída no es ningún mal si consideras el límite natural que todos compartimos, la muerte. Más allá de ese punto, la naturaleza no deja avanzar a nadie. Ese final está igualmente próximo para todos; tanto para el rico, al que la fortuna parece arrojar fuera del mundo, como para el pobre, al que simplemente se le aparta de él. Pero nuestros temores intentan alejar ese límite, mientras que nuestras esperanzas lo empujan hacia adelante: tememos perder la vida y, al mismo tiempo, la consumimos persiguiendo lo que deseamos.

Por eso, si eres sabio, medirás todas las cosas conforme a la condición humana, así pondrás límites tanto a tus alegrías como a tus temores. «¿Por qué he de reducir mis males?», preguntarás. Porque, en realidad, no hay nada que deba ser temido. Todo lo que nos turba y asombra es vano. Nadie se detiene a examinar su verdad, el miedo se transmite de unos a otros como un contagio. Pocos se atreven a mirar de frente lo que les inquieta para conocer su naturaleza.

Por eso podemos creer en fantasmas sin ponerlos a prueba. Basta con fijar la mirada para descubrir que tememos cosas efímeras, inciertas o que, en el fondo, ni siquiera son peligrosas.

Nuestra confusión es como la que describe Lucrecio: «Tal como tiemblan los niños y entre las densas tinieblas todo les da miedo, así nosotros temblamos a plena luz».

¿Y no somos acaso más necios que el niño si tememos bajo la claridad del día? Pero aquí, Lucrecio se equivoca: no tememos *en* la luz, sino que hemos creado tinieblas a nuestro alrededor. No vemos lo que nos daña ni lo que nos favorece, corremos toda la vida sin mirar dónde ponemos el pie. Y correr en la oscuridad es la peor de las locuras, quien no sabe adónde va corre con más prisa hacia su pérdida.

Si queremos, podemos recobrar la luz. Solo necesitamos volver la mirada a las cosas divinas y humanas, examinarlas con calma, distinguir lo bueno de lo malo, separar las apariencias de la verdad, y estudiar con atención la virtud, el vicio y la providencia.

El espíritu humano es demasiado vasto para quedar encerrado en límites estrechos; anhela mirar más allá del mundo, conocer el origen y el fin de las cosas, y comprender el destino hacia el que lo impulsa su veloz carrera. Pero nosotros lo hemos apartado de esas contemplaciones elevadas para hundirlo en lo terreno y lo pequeño; lo hemos atado al porvenir y lo hemos hecho cavar en la tierra buscando su ruina, cuando bastaba con mirar lo que la naturaleza ya le mostraba a plena luz.

La divinidad, padre de todos, puso a nuestro alcance todo cuanto podía servirnos para el bien; no esperó que lo buscáramos, sino que lo ofreció generosamente. En cambio, escondió en lo profundo de la tierra aquello que podía dañarnos. Si hay algún motivo de queja, no es contra la naturaleza, sino contra nosotros mismos, porque hemos sacado a la luz lo que ella había ocultado cuidadosamente. Hemos entregado el alma al placer —aunque toda indulgencia con él es el origen de los males—, luego a la ambición, al deseo de gloria y a otras vanidades igual de inútiles.

¿Qué te aconsejo, entonces? Nada nuevo. Estas enfermedades no son de hoy, y los remedios tampoco. Examina en ti qué es necesario y qué es superfluo. Lo necesario lo encontrarás en cualquier parte; lo superfluo, en cambio, tendrás que buscarlo con afán y apenas lo hallarás. No te glories, pues, de despreciar los lechos dorados o los muebles incrustados de gemas, ¿qué mérito hay en despreciar lo que de por sí es inútil? Admirable serás cuando aprendas a despreciar incluso lo necesario.

No tiene gran valor vivir sin ostentación, rehusar banquetes fastuosos o desdeñar manjares que solo los ricos consideran exquisitos. Pero te admiraré cuando no desprecies el pan más humilde; cuando comprendas que las hierbas no brotan solo para las bestias, sino también para alimentar al hombre cuando es preciso; cuando sepas que los brotes de los árboles bastan para saciar un estómago vacío.

Llenamos el cuerpo con alimentos costosos, como si fuera a conservarlos largo tiempo; pero todo lo que entra se pierde en breve. ¿Qué importa entonces lo que comas si el fin es el mismo?

Te deleita ver en la mesa los manjares que se han buscado con tanto esfuerzo en la tierra y en el mar: unos deben servirse frescos, otros bañados en abundante grasa, todos dispuestos con esmero y artificio. Pero, créeme, por bien preparados que estén, todos acabarán con el mismo hedor cuando lleguen al vientre. ¿Quieres aprender a despreciar los placeres de la mesa? Piensa en su desenlace.

Recuerdo que Átalo solía decir: «Durante mucho tiempo me sedujeron las riquezas; me cegaba su brillo y pensaba que lo que no veía debía de ser aún más hermoso. Pero un día, en una ceremonia pública, contemplé reunidos todos los tesoros de la ciudad: oro y plata labrada, cuadros exquisitos, telas traídas de lugares remotos. A un lado, jóvenes esclavos de gran belleza; al otro, mujeres adornadas con lujo; y, en conjunto, toda la ostentación del imperio exhibiendo su poder. Entonces pensé: ¿Para qué sirve todo esto si no es para despertar la codicia de los hombres? ¿Para enseñarles a desear lo que no necesitan? Por mi parte, salí de allí con menos codicia de la que llevaba. Desprecio las riquezas, no porque sean superfluas, sino porque son pequeñas. ¿Has notado cuán breve fue el paso de este desfile de esplendores, aunque avanzara lentamente? ¿Y vamos a gastar toda la vida en perseguir lo que no puede entretenernos ni un solo día?».

Y añadía: «Tan inútiles son las riquezas para quienes las poseen como para quienes las contemplan.

Por eso, cuando veo una casa fastuosa, una multitud de esclavos vestidos con lujo o una litera llevada por portadores arrogantes, me pregunto qué admiro y qué me asombra, pues todo eso es apariencia, una pompa que se muestra pero no se disfruta, que pasa mientras deleita. Busca, más bien, las riquezas verdaderas. Aprende a contentarte con poco y repite con firmeza: "Con pan y agua disputaré la felicidad a Júpiter"».

Y disputémosla, te lo ruego, incluso si carecemos de esas cosas. Porque si es indigno hacer depender el bien supremo del oro y de la plata, no es más honesto hacerlo depender del pan y del agua.

«¿Y qué haré si me faltan?», me dirás. ¿Buscas remedio a la pobreza? El hambre cura al hambre. ¿Qué importa si la necesidad es grande o pequeña, si es la fortuna quien te niega lo que buscas? El pan y el agua que necesitas están en manos de otro; pero no es libre quien depende de la fortuna, sino quien no depende de ella. No desees nada y serás igual a los dioses, porque también ellos nada desean.

Esto nos enseñaba Átalo, y la naturaleza misma lo repite cada día a todos. Si lo meditas con frecuencia, no solo parecerás feliz, lo serás de verdad.

Cuídate.

Carta 122

SOBRE LOS QUE INVIERTEN EL ORDEN NATURAL

Los días comienzan a acortarse, ya son más breves, pero todavía bastante largos para quien se levanta con la luz con el propósito de mejorarse, y no solo para madrugar. Es vergonzoso permanecer en el lecho cuando el sol ya está alto, y aún más despertar cuando el día está a la mitad. Sin embargo, hay muchos en cuyas casas sigue siendo de noche a esa hora.

Algunos invierten el orden natural del día y de la noche. No abren los ojos, cargados de vino y desidia, hasta que la luz declina. Se asemejan, como dice Virgilio, a quienes habitan en el extremo opuesto del mundo, para quienes el sol poniente anuncia el amanecer. Su vida, si no su morada, está en el hemisferio contrario al de los hombres. En la misma ciudad viven estos antípodas de costumbres, de quienes Catón decía con ironía: «Nunca han visto salir ni ponerse el sol».

¿Crees que saben vivir quienes no saben cuándo viven? Temen a la muerte, pero se sepultan en vida, como las aves nocturnas que huyen de la claridad. Pasan las noches entre vino, perfumes y festines, sin advertir que celebran su propio banquete fúnebre, pues hasta los honores a los muertos se rinden de día.

Para el hombre activo, el día nunca es suficientemente largo. Alarguemos, pues, nuestra vida —que consiste en obrar, no solo en durar— y robemos algunas horas a la noche para añadirlas al día. A las aves que se quiere engordar se las mantiene inmóviles y en la oscuridad; así también se ablandan y se cubren de grasa los que viven sin propósito ni movimiento. Por eso no hay nada más desagradable que el cuerpo de quienes se entregan a la noche: pálidos, hinchados e inertes, como si el alma también se les hubiera dormido.

Y no es este su único mal, también el espíritu se les adormece. Viven envueltos en tinieblas, ciegos y complacidos en su propia ceguera. ¿Quién ha tenido ojos solo para usarlos de noche? ¿Qué corrupción es esta que hace odiar la luz y buscar las sombras? De ahí nacen todos los vicios; son contrarios a la naturaleza, enemigos del orden y de la razón.

La vida disoluta no se limita a apartarse del camino recto, lo rechaza y corre en sentido opuesto. No se extravía por ignorancia, sino que se precipita gustosa hacia el mal, buscando la oscuridad como refugio y la perversión como hábito.

¿No te parece que viven contra natura quienes beben en ayunas, llenando de vino las venas vacías, y se sientan a la mesa ya ebrios? Tal es el vicio de los jóvenes de ahora, que quieren parecer fuertes y, antes del baño, se embriagan entre cuerpos desnudos, disipando el sudor con nuevas libaciones. Beber después de comer es una antigua costumbre, incluso entre los campesinos que desconocen el lujo; pero estos otros sostienen que el vino es más placentero cuando penetra directamente en los nervios, y que la embriaguez es más dulce con el estómago vacío.

¿Y no viven también contra natura quienes cambian sus vestidos por los de mujer, o quienes prolongan la infancia más allá de su término natural? Nada hay más cruel ni más vergonzoso: el niño, destinado a hacerse hombre, se mantiene débil y complaciente para servir más tiempo a los placeres infames de otro. Y cuando la edad debería protegerlo del ultraje, ni siquiera la vejez lo libra.

También es contrario a la naturaleza querer rosas en invierno o forzar los lirios a brotar entre los hielos, regándolos con agua caliente; o hacer jardines sobre las torres, bosques sobre los techos, raíces que cuelgan donde deberían hundirse. O construir termas en el mar, creyendo que el baño no es grato si no lo baten las olas.

Acostumbrados a quererlo todo contra natura, terminan por romper del todo con ella. Si es de día, ya es hora de dormir; si todos reposan, ellos salen, pasean y banquetean. «No hagamos lo que hace el pueblo», dicen, «vivir como el vulgo es vulgar». Y así desprecian el curso natural del día, reservando para sí una mañana artificial, como si la sabiduría consistiera en invertir el orden del mundo.

Para mí, todos esos viven ya entre los muertos: ¿acaso está lejos de la tumba quien solo ve la luz de las antorchas? Conocemos a muchos que llevaron esa vida. Atilio Buta, antiguo pretor, dilapidó su fortuna y, al declararse pobre ante Tiberio, recibió esta respuesta seca y certera: «Te has despertado demasiado tarde».

Montano Julio, poeta celebrado por el mismo Tiberio, recitaba unos versos sobre el curso del Sol. Un oyente, cansado de su lectura, dijo que no volvería a escucharlo. Nata Pinario, con ironía, replicó: «Yo lo escucharé desde el alba hasta el ocaso». Pero cuando Montano empezó declamando, «Comienza Febo a lanzar ardientes llamas; la aurora tiñe el cielo, la

golondrina vuelve al nido y reparte el alimento»,
Varo, caballero romano, interrumpió entre risas: «A
esta hora, Buta ya debe de estar dormido». Y cuando
Montano prosiguió: «Ya los pastores encierran su
ganado; la negra noche extiende su silencio sobre la
tierra». Y Varo añadió: «¿Ha dicho que es de noche?
Entonces iré a visitar a Buta».

La vida de aquel hombre —tan extraña como
imitada— se convirtió en tema constante de conversación. Algunos lo copiaron no porque la noche les
pareciera más bella, sino porque nada fácil los atrae
y la mala conciencia no soporta la luz. Además, quienes valoran las cosas por su precio no aprecian lo
que es gratuito, como la claridad del día.

Estos hombres aman el ruido, la ostentación y el
brillo vacío de la fama. Si no resplandecen, creen
que su dinero se ha perdido. No buscan solo el lujo,
sino la notoriedad, el placer de ser vistos. En una
ciudad tan llena de ocupaciones y espectáculos, solo
destaca la extravagancia cuando es extrema.

Pedo Albinovano, hombre ingenioso, contaba
que vivía junto a la casa de Spurio Papinio, uno de
esos amantes de la noche: «A las nueve», decía, «oí
chasquidos de látigos y, al preguntar qué ocurría, me
dijeron que revisaba los gastos. A medianoche oí gri-
tos, ensayaba la voz. Cerca del amanecer, oí el rodar
de los carros, salía en su carruaje. Y al despuntar el
día, los cocineros y mayordomos corrían de un lado
a otro, acababa de salir del baño y pedía la comida».

¿Vivía siempre en la mesa? No. Era frugal durante el día y disipado solo de noche. Por eso, cuando

lo llamaban *avaro*, Pedo solía responder con ironía: «Podéis llamarle también *lychnobio* (habitante de las lámparas)», como si viviera entre ellas.

No te extrañe si hallas en los vicios tantos matices, pues son innumerables y siempre adoptan nuevas formas. La virtud, en cambio, es una sola. Los que viven conforme a la naturaleza se parecen entre sí: son sencillos, libres y constantes. Los que se apartan de ella no concuerdan con nadie, ni siquiera consigo mismos.

La causa principal de este extravío es el hastío de la vida común. Como ya se distinguen por el vestido, por el esplendor de sus banquetes o por el brillo de sus carrozas, quieren también distinguirse por el uso del tiempo. Los vicios corrientes quedan para quienes se conforman con la simple infamia, los extraordinarios son para quienes buscan notoriedad viviendo al revés.

Mantengámonos, pues, querido Lucilio, en el camino que trazó la naturaleza, sin desviarnos de él. Quien la sigue, todo lo halla fácil y llano; quien se aparta, rema perpetuamente a contracorriente.

Cuídate.

Carta 123

SOBRE LA FRUGALIDAD

He llegado a mi casa de Albano ya entrada la noche, fatigado por un camino más incómodo que largo. No encontré nada preparado... salvo el apetito. Me acosté para descansar y esperar con calma la lentitud del cocinero y del repostero, pensando que nada resulta molesto si se recibe con moderación, y que nada desagrada si uno no consiente en el desagrado.

¿No tiene pan el repostero? Lo tendrá el mayordomo, o el colono, o el arrendatario. «Pero será pan malo», dirás. Espera, y será bueno. El hambre lo volverá blanco y tierno, con tal de que no comas antes de que ella te lo ordene. Esperaré, pues; así, o el pan será mejor, o yo dejaré de considerarlo malo.

Conviene acostumbrarse a contentarse con poco. La hora de comer no siempre se acomoda a nuestro deseo; el lugar y las circunstancias ponen trabas incluso a los más provistos. Nadie puede tener siempre lo que quiere, pero cualquiera puede dejar de querer lo que no tiene y recibir con alegría lo que se presenta. Gran ventaja es tener un estómago dócil, paciente, habituado al hambre.

Me alegró comprobar cómo el cansancio se disipó por sí solo. No busqué ungüentos ni baños, ni otro remedio que el tiempo. Lo que el trabajo cargó sobre mí, el reposo lo descargó. Y mi cena frugal me supo mejor que un festín, porque me puso a prueba sin aviso, con naturalidad y sin artificio.

Cuando uno se prepara para ser paciente, rara vez sabe hasta dónde llega su firmeza. Solo se conoce de verdad cuando lo sorprenden: si no se irrita ante lo ingrato, si no cede a la queja, si suple con temple lo que falta al servicio habitual y comprende que lo ausente de la mesa no falta al apetito. Entonces advertimos cuánta superfluidad nos rodea; la usamos porque está ahí, no porque la necesitemos. ¡Cuántas cosas poseemos solo porque otros las poseen! Uno de nuestros mayores vicios es vivir por imitación; no nos guía la razón, sino la costumbre. Aquello que no haríamos si lo practicaran pocos lo repetimos cuando lo hacen muchos, como si la frecuencia hiciera honesto el error y lo volviera ley por consenso.

Hoy nadie viaja sin un cortejo de esclavos y correos que despejen el paso y levanten polvo para anunciar la llegada del «importante». Cargan mulos con cristal, ágata y vajillas cinceladas, y se considera falta de elegancia no poseer objetos tan frágiles que puedan romperse en el traslado. A los jóvenes destinados al lujo y a la ostentación les lavan el rostro con ungüentos antes de salir al campo, no sea que el sol o el viento dañen su delicada piel. Casi parece deshonroso no llevar en el séquito algún rostro que justifique semejantes cuidados.

Huye de esa conversación, son propagadores del vicio. Antes llamábamos hombres a quienes difundían palabras, hoy hay quienes difunden corrupciones. Su charla es venenosa, y aunque no hiera al instante, deja un veneno que obra después. Como quien sale de un concierto y conserva en el oído la melodía que lo distrajo, así perduran en la memoria los halagos de quienes celebran lo depravado. Lo agradable rara vez se olvida; si se aleja, vuelve.

Cierra, pues, los oídos a los malvados apenas empiecen a hablar. Si ven que se les escucha, se envalentonan y acaban por afirmar que la virtud, la filosofía y la justicia no son más que palabras vacías;

que la felicidad consiste en vivir cómodamente, en seguir el deseo y «aprovechar» la fortuna antes de que se agote; que, ya que somos mortales, lo sensato es agotar pronto los placeres.

«Pasan los días», dicen, «¿por qué no complacer los sentidos mientras aún responden? ¿Por qué adelantar con la sobriedad la aspereza de la muerte y privarnos hoy de lo que mañana se nos quitará? No tienes amantes ni jóvenes que te adulen; te levantas en ayunas; comes con moderación, como si debieras justificarte. Eso no es vivir, sino ver vivir a los demás. ¿Para qué privarte y acumular riquezas para un heredero que se alegrará más cuanto más herede?».

A esos tristes censores de la vida ajena y enemigos de la suya propia —verdaderos maestros del vicio— no los escuches. Ellos aconsejan preferir la buena vida a la buena fama; yo, en cambio, te exhorto a preferir lo honesto de ambas. Evita sus palabras como Ulises evitó el canto de las sirenas: seducen con dulzura, pero hacen olvidar a los padres, a los amigos y a la virtud, arrastrando a una vida baja y miserable. Mejor es seguir el camino recto y alcanzar ese estado en que lo honesto resulte más grato que lo agradable.

Para lograrlo, piensa que lo que nos atrae o nos asusta pertenece a dos órdenes opuestos. Atraen las riquezas, los placeres, la belleza, los honores y todo lo que halaga los sentidos; repelen la muerte, el dolor, el esfuerzo, la pobreza y la deshonra. Hay que acostumbrarse a no desear lo primero y a no temer lo segundo. Lucha en sentido contrario, huye de lo que te seduce y enfréntate a lo que te intimida. ¿No ves cómo se inclina el cuerpo del que baja y del que sube? El que desciende echa el peso hacia atrás; el que asciende, hacia delante. Así también ocurre en la vida: los placeres nos arrastran cuesta abajo, lo arduo nos eleva, y solo avanzamos cuando nos inclinamos hacia lo difícil.

¿Crees que basta con taparse los oídos ante quienes exaltan los placeres y pintan los dolores con tintes de horror? No. También es peligroso escuchar a ciertos «estoicos» corrompidos que, bajo el nombre de sabiduría, encubren el vicio. «Solo el sabio», dicen, «sabe amar; solo él conoce el arte de comer y beber; consultémosle, pues, hasta qué edad conviene desear a los jóvenes».

Dejemos esas corrupciones de academia y atendamos a lo que realmente importa: que nadie es bueno por azar, y que la virtud se aprende; que el placer es bajo y común a las bestias; que la gloria es viento; que la pobreza solo pesa a quien no sabe sobrellevarla; que la muerte no es un mal, pues es una ley universal; y que la superstición es una locura que teme lo que debería venerar y ofende lo que pretende honrar. No hay gran diferencia entre negar a los dioses y deshonrarlos.

Esto es lo que debemos aprender, y aprenderlo bien. Porque la filosofía no está para justificar el vicio, sino para corregirlo. ¿Qué esperanza puede tener el enfermo cuyo médico le aconseja entregarse a su enfermedad?

Cuídate.

Carta 124

SOBRE LA NATURALEZA DEL BIEN:
¿INSTINTO O RAZÓN?

Puedo transmitirte muchos preceptos de los antiguos; escucha incluso los más modestos, porque nada que brote de la sabiduría carece de valor. Sé que no los menosprecias ni desdeñas las cuestiones sutiles. No es propio de un espíritu sensato aceptar solo lo grandioso. Pero, así como elogio tu disposición a aprovechar toda enseñanza, procuraré no perderme en minucias que confunden más de lo que instruyen.

Se plantea la siguiente cuestión: ¿conocemos el bien por sentimiento o por razón? De ella se deriva otra: si lo conociéramos por el sentir, también los animales y los niños —que aún no poseen razón— lo conocerían. Por eso, quienes colocan el bien supremo en el placer lo consideran algo sensible; nosotros, en cambio, que lo situamos en el entendimiento, afirmamos que el bien pertenece a la razón.

Si los sentidos pudieran juzgar lo que es bueno, nunca rechazaríamos el placer, pues todos los placeres resultan agradables a los sentidos; y del mismo modo, nunca aceptaríamos el dolor, porque todo en él es repulsivo. En tal caso, no podríamos reprochar al glotón, al lujurioso o al cobarde; todos obedecerían simplemente a sus sentidos. Pero los censuramos, porque el juicio del bien y del mal no pertenece a los sentidos, sino a la razón.

Los sentidos solo perciben, no valoran. Captan lo que agrada o duele, pero no lo que es justo o injusto, útil o nocivo. La razón, en cambio, juzga y decide. Ella es la soberana. Así como fija las normas de la virtud, también determina qué es verdaderamente bueno y qué es malo. Someterla a los sentidos sería colocar lo superior bajo lo inferior. Si lo sensible definiera el bien, los animales —de sentidos más agudos que los nuestros— serían más sabios que nosotros.

¿Qué pensarías de quien quisiera juzgar las formas con el tacto en lugar de con la vista? El ojo, el más noble de los sentidos, distingue lo alto y lo bajo; ¿no sería absurdo medir lo divino y lo excelso por el contacto de la piel?

A esto replican algunos: «Toda ciencia necesita algo evidente, algo perceptible de donde partir; del mismo modo, la vida feliz debe apoyarse en lo que se ve y se toca». Pero nosotros sostenemos que la vida feliz es la que se ajusta a la naturaleza, y que lo natural se reconoce sin necesidad de prueba. Sin embargo, lo que hay en el recién nacido no es todavía el bien, sino el principio del bien.

Tú, en cambio, llamas bien supremo al placer y sitúas el punto de partida en el mismo lugar donde debería estar la meta. Inviertes el orden natural, colocas la copa del árbol donde deberían estar las raíces.

Si alguien afirmara que el feto, aún en el vientre materno, incierto su sexo y sin forma definida, participa ya del bien, se engañaría. Apenas hay diferencia entre ese feto y el recién nacido: uno y otro son incapaces de comprender lo bueno y lo malo. El infante no es más capaz de bien que un árbol o un animal, porque aún carece de razón.

Del mismo modo que los seres irracionales no pueden conocer el bien, tampoco el hombre puede alcanzarlo mientras no haya desarrollado la razón. Existen seres sin razón, otros que aún no la tienen y otros que la poseen de modo imperfecto. En ninguno de ellos puede hallarse el bien, porque el bien solo nace con la razón. Quien carece de ella jamás lo alcanzará; quien todavía no la tiene, no podrá alcanzarlo mientras permanezca en ese estado; quien la posee de forma incompleta puede tender hacia el bien, pero no lo posee aún.

El bien, por tanto, no se encuentra en todos los cuerpos ni en todas las edades. Está tan lejos de la infancia como el fruto lo está de la semilla. Hay en el trigo una disposición hacia el bien, pero no cuando es hierba ni cuando espiga, sino cuando el grano madura. Así también en el hombre: el bien no aparece hasta que su razón alcanza la plenitud.

¿Y qué es, entonces, ese bien? Un alma recta, libre, que domina todas las cosas sin ser dominada por ninguna. Tan lejos está la infancia de ese estado que ni siquiera la adolescencia lo busca, y apenas la juventud puede esperarlo. Dichosa la vejez, si logra alcanzarlo al precio del esfuerzo.

Dirás: «Has admitido que hay cierto bien en las plantas; luego también puede haberlo en el niño». Te respondo que el bien de las plantas y de los animales no es verdadero, sino aparente, pues solo consiste en conservar lo que les es propio según su naturaleza. El bien auténtico pertenece a una naturaleza más alta, a la que participa de la razón.

De las cuatro naturalezas —árbol, animal, hombre y dios—, las dos primeras son irracionales y semejantes entre sí; las dos últimas, distintas: una mortal, la otra inmortal. El bien en la divinidad es perfecto por naturaleza; en el hombre, se perfecciona mediante el esfuerzo. Los otros seres solo son perfectos dentro de su género, no en sentido absoluto, porque carecen de razón; y nada puede ser perfecto si no está de acuerdo con la razón universal.

Quien no puede alcanzar una vida feliz tampoco puede poseer aquello que la hace posible. Lo que hace la vida feliz es el bien; por tanto, si los animales no pueden vivir felizmente, tampoco poseen el bien.

El animal percibe el presente y apenas retiene el pasado, y solo cuando algo lo evoca. El caballo recuerda el camino mientras lo recorre, pero no en el establo, aunque lo haya transitado mil veces. En cuanto al futuro, está fuera de su alcance. ¿Cómo podrían comprender la perfección de la naturaleza quienes ni siquiera comprenden el tiempo?

El tiempo tiene tres partes: pasado, presente y futuro. El presente —que se desvanece en un instante— es lo único que poseen las bestias. Apenas conservan el pasado, y solo si un objeto lo despierta. Por tanto, el bien, que pertenece a una naturaleza completa, no puede residir en una imperfecta. Si algo semejante se da en ellas, es como en las plantas: rudimentario, mudo, sin conciencia.

No niego que los animales sigan lo que les es natural, pero lo hacen de forma confusa y sin discernimiento. El bien, en cambio, no es nunca confuso ni fortuito; su orden procede del entendimiento, no del instinto. Los animales se mueven por impulso, no por elección. Y lo que no puede ser guiado por la razón tampoco puede llamarse desordenado, del mismo modo que nadie puede ser vicioso si no tiene posibilidad de ser virtuoso.

En resumen, en el animal puede haber cierta forma de perfección, pero no el bien propiamente dicho. El bien solo pertenece al hombre que sabe por qué, hasta dónde y cómo debe obrar. No puede existir bien alguno en un ser incapaz de razón.

¿Y para qué sirve, dirás, toda esta discusión? Para ejercitar el espíritu, para afinarlo y darle una ocupación digna; y, sobre todo, para contener al hombre cuando se inclina hacia el vicio. No hay servicio más útil que este: enseñarte a reconocer tu verdadero bien, a distinguirte de las bestias y a elevarte hacia los dioses.

¿Para qué, entonces, ejercitas las fuerzas del cuerpo? Por mucho que lo hagas, los animales siempre serán más fuertes. ¿Por qué cuidas tanto el vestido? Ninguna elegancia te igualará a la belleza natural de sus formas. ¿Por qué peinas con tanto esmero tus cabellos? Ni la cabellera más cuidada superará la crin del caballo ni la melena del león. ¿Por qué te glorías en correr, si nunca correrás como una liebre?

Abandona, pues, el cuidado de lo externo —jamás sobresaldrás en ello— y aplica tu esfuerzo a tu verdadero bien. ¿Cuál es? Un alma recta, pura y libre, que se eleva por encima de la tierra, que imita lo divino y encuentra dentro de sí lo que otros buscan fuera.

Eres un ser racional, tu bien es la razón perfecta. Llévala a su cima y considérate dichoso cuando tus placeres nazcan de ti mismo; cuando, entre todas las cosas que los hombres desean, guardan y disputan, no halles ninguna que quieras poseer, ni siquiera desear.

Y te daré una regla sencilla para medir tu perfección: sabrás que has alcanzado tu bien cuando comprendas que aquellos a quienes el mundo llama felices son, en realidad, los más desdichados.

Cuídate.

EPÍLOGO

Toda lectura es una forma de diálogo, y este libro no es una excepción. Al cerrar sus páginas, la conversación no termina, cambia de lugar. Lo que Séneca dijo a Lucilio sigue resonando hoy en quien busca serenidad en medio del ruido.

Su propósito no fue enseñar, sino acompañar. Estas *Cartas de un estoico* nacen de la misma necesidad que las inspiró hace dos mil años: encontrar claridad en la incertidumbre. Cambian los tiempos y las voces, pero no el corazón humano, que anhela calma y sentido.

La grandeza de Séneca no está en ofrecer respuestas, sino en mostrarnos una manera de mirar. En recordarnos que la sabiduría no consiste en apartarse de la vida, sino en habitarla con lucidez.

Si algo perdura después de esta lectura, que sea esa invitación silenciosa a mirar dentro de uno mismo, a detenerse, a vivir con atención. Porque mientras haya alguien dispuesto a escuchar, la conversación continúa.

MEDITACIONES de MARCO AURELIO

Meditaciones de Marco Aurelio es una obra filosófica que reúne las reflexiones personales del emperador romano, un testimonio íntimo de su búsqueda de significado, conocimiento y virtud. Considerada una cumbre de la literatura filosófica, esta obra atemporal nos invita a explorar temas universales que siguen inspirando a generaciones. La nueva edición de la colección Clásicos REM, cuidadosamente editada con notas y comentarios, contextualiza las reflexiones de Marco Aurelio en su época y su relevancia actual, siendo imprescindible para profundizar en el estoicismo y la filosofía de vida de este influyente líder.

Disponible también en formato **e-book.**

Solicita más información en revertemanagement@reverte.com
www.revertemanagement.com
@revertemanagement

EL CAMINO ESTOICO de EPICTETO

Epicteto, uno de los grandes filósofos estoicos, nos dejó enseñanzas sobre cómo vivir con virtud, afrontar la adversidad y aceptar el momento presente con sabiduría. *El camino estoico* es una guía práctica para aplicar su pensamiento en la vida cotidiana, ayudándonos a afrontar los desafíos con calma, claridad y determinación. Esta edición reúne los pasajes más relevantes de Epicteto, presentados de forma clara y accesible para el lector actual, sin perder la esencia del texto original.

Disponible también en formato **e-book.**

Solicita más información en revertemanagement@reverte.com
www.revertemanagement.com
@revertemanagement

Gracias